# 英語プレゼン

## Quick Guide for English Presentations

# ハンドブック

これ一冊で乗り切れる
【プレゼンテーションの組み立て方とスライドの作り方】
【すぐに使える応用自在の表現】

味園真紀
Maki Misono

JN299917

# はじめに

　昨今、日本企業であっても、外資系企業との商談の機会やM&Aなど、ビジネスのグローバル化に伴い、英語を必要とされる機会は増加しています。
　「簡単なビジネス英会話であれば大丈夫」という方でも、英語でのプレゼンテーションとなると躊躇してしまう方も多いでしょう。
　しかし、外資系企業との商談にはプレゼンテーションがつきものですし、外資系企業と合併した場合には、社内においても実績の報告やセールスプラン等、様々な場面で英語によるプレゼンテーションが必要不可欠です。

　本書は、はじめてプレゼンテーションをすることになった方でも、短時間で英語のプレゼンテーションに関わる知識を習得でき、スムーズにプレゼンテーションの準備ができることを目的としています。
　英語でプレゼンテーションをすることが決まって、まず皆さんが考えるのは資料の作成でしょう。最近はパワーポイントを用いたプレゼンテーションが主流です。プレゼンテーションの技術や表現をまとめた書籍は多いのに、プレゼンテーションスライドの作成そのものについて触れられている書籍はほとんどありません。
　本書は、「この一冊があれば、スライドの作成もプレゼンテーションのセリフも準備できる！」ような参考書にしたいという思いでまとめました。最初に、プレゼンテーションの組み立て方とプレゼンテーション資料を作成する際のスライド作成ルールをシンプルにまとめました。次に、プレゼンテーションで使う表現をよく使うパターン別、そしてプレゼンテーションの場面別にまとめました。資料や口頭の説明の中でよく使う、会社の説明や図表の説明に使う単語や表現、数の読み方

等も網羅しています。さらに、プレゼンテーション後のフォローアップメールの書き方についても紹介しています。

　このように、本書は一冊で皆さんがプレゼンテーションの準備からアフターフォローに至るまでのA to Zを網羅した構成になっています。また、CDには英文が収録されていますが、英文の後に皆さんがリピートできるよう、ポーズを入れています。英文の後に声に出して繰り返してみましょう。プレゼンテーションの練習にもなります。

　英語のプレゼンテーションは敷居が高いように思われがちですが、きちんと準備をして臨めば、思っているよりも難しくはありません。英語力よりも内容が重要であることは言うまでもありません。準備をしっかりして自信をもってプレゼンテーションに臨みましょう。
　最初はうまくいかず、落ち込むこともあると思いますが、数をこなせば必ず上達します。
　本書が、皆さんのプレゼンテーションが成功する一助となれば幸いです。

2010年2月
味園　真紀

## CD BOOK 英語プレゼンハンドブック・CONTENTS

はじめに

## I　プレゼンテーションの組み立て方とスライドの作り方

1. プレゼンテーションの組み立て方 ——— 12

2. 各スライドのタイトルのつけ方 ——— 17

3. プレゼンテーションスライド作成のポイント ——— 20

- ルール1 ：長い文章を作らない　21
- ルール2 ：1スライドに複数の要素や内容を盛り込まない　23
- ルール3 ：文章のレベルをそろえる　25
- ルール4 ：重要な順序で並べる　28
- ルール5 ：シンプルでわかりやすい表現を使う　30
- ルール6 ：ポイントとなる単語を主語にする　32
- ルール7 ：スライドのつながりを考える　34
- ルール8 ：マイナスや否定の表現を避ける　36
- ルール9 ：見やすいフォントサイズや種類、色を設定する　38
- ルール10 ：図表を有効活用する　41

## II　プレゼンテーションにすぐに使える表現

4. これだけはおさえておきたい！プレゼンテーションでよく使うキーフレーズ ———————— 50
   - I'm going to talk about ～　～についてお話します　50
   - I'd like to explain ～　～をご説明させていただきます　51
   - Let me talk about ～　～についてお話させていただきます　52
   - We're going to look at ～　～を見てみましょう　53
   - I'll begin by ～　～から始めます　54
   - I'll start with ～　～から始めます　55
   - Please take a look at ～　～をご覧ください　56
   - Let's move on to ～　～に移りましょう　57
   - I'm in charge of ～　～を担当しています　58
   - I'd like to focus on ～　～に注目したいと思います　59
   - The problem is ～　問題は、～　60
   - We're planning to ～　～する予定です　61
   - We(I)'d like to suggest that ～　～を提案したいと思います　62
   - What we(I)'d like to ～ is …　私(達)が～したいことは、…です　63
   - It's obvious that ～　～は明らかです　64
   - According to ～　～によると、　65
   - Compared with ～（Compared to ～）　～と比較すると、　66
   - If you compare A and B,　A と B を比較すると、　67
   - Before I ～,　～する前に、　68
   - Contrary to ～,　～とは反対に、　69
   - in terms of ～　～の点で、～の観点で　70
   - ～ consist(s) of …　～は…から成っています　71

- When you see ~, ～をご覧いただくと、 72
- As ~ indicate(s), ～が示すように、 73
- I'm sure you'll ~ きっと～していただけるものと思います 74
- I assume that ~ ～だと想定しています 75
- Here is ~ これは～です 76
- Please refer to ~ ～をご参照ください 77
- There is (are) ~ ～があります 78
- Thank you for ~ ～をありがとうございます、ありがとうございました 79

## 5. 場面別 プレゼンテーションでよく使う表現 ─── 80

### 導 入

1. 挨拶・切り出す 80
   （挨拶をする） 80
   （プレゼンテーションを始めることを伝える） 81
2. 参加者に謝辞を述べる 82
3. 自己紹介をする 83
4. 会社の紹介をする 85
5. プレゼンテーションの目的を述べる 88
   （プレゼンテーションの主題を述べる） 88
   （プレゼンテーションの目的を述べる） 89
6. 所要時間や質疑応答について述べる 90
   （プレゼンテーションの所要時間について述べる） 90
   （質疑応答について述べる） 90
7. プレゼンテーションの概要を説明する 91
   （プレゼンテーションの流れを説明する） 91
   （追加で触れる項目について述べる） 92

**本 論**
1. プレゼンテーションに入る　93
2. 意見を述べる／関心をひく　95
3. 事実を述べる　97
4. 理由や根拠を述べる　98
5. 特徴を述べる　99
6. 例を示す　100
7. 図表の説明をする　102
   （表の部分について説明する）　103
   （数値を用いて説明する）　104
   （図表の表す意味について述べる）　104
8. 違いや類似点を述べる　107
9. 引用する　108
10. 話題を移す　109

**結 論**
1. まとめる　111
2. 謝辞を述べる　113
3. 質疑応答　114
   （質問に対する感想を述べる）　114
   （聞き取れなかったときに…）　115
   （回答について確認する）　116
   （回答できない場合）　116
   （質問の最後に…）　117

**その他**
1. トラブルへの対応　118
2. プレゼンテーションでよく使う表現　119
   ・流れを説明する／次の話題に移るときに使う表現　119

- ・何かを追加するときに使う表現　119
- ・反対のことを述べるときに使う表現　120
- ・事例を説明するときに使う表現　120
- ・言い換えるときに使う表現　120
- ・つなぎの表現　120
- ・時間を表す表現　121

## 6. 会社の説明によく使う単語・表現 ──── 123
- ・会社を表す単語・表現　123
- ・会社の組織を表す単語・表現　124
- ・役職を表す単語・表現　126
- ・業界を表す単語・表現　127

## 7. 図表の説明によく使う単語・表現 ──── 129
- ・グラフや図の種類　129
- ・線の種類　131
- ・グラフのパーツを表す単語　133
- ・表のパーツを表す単語・表現　134
- ・図形を表す単語　135
- ・文字の種類を表す表現　137
- ・その他図表でよく使う単語　138
- ・増減についてよく使う単語・表現　139
- ・位置を示す表現　140

## 8. プレゼンテーションで想定されるＱ＆Ａ ──── 141
- ・会社や製品・サービスについての質問　141
- ・資料についての質問　145
- ・売上や戦略についての質問（社内向けのプレゼン）　146
- ・その他　148

## 9. 数の読み方 — 150

- 数の種類　150
- 単位　150
- 数量を表す表現　151
- 分数　152
- 小数　153
- 倍数　153
- 大きな数の読み方　154
- 年号　155

## 10. プレゼンテーションの資料によく使うビジネス単語 — 156

- 業績等の説明によく使う単語　156
- 市場動向等の説明によく使う単語　158
- 分析や課題等の説明によく使う単語　160
- 戦略や計画等の説明によく使う単語　161
- 期間を表す単語　163
- プレゼンテーションでよく使う単語　163
- 財務の単語　164
- その他一般的によく使う単語　165

## 11. プレゼンテーション後のフォローアップメール — 167

- サンプルメール1　168
- サンプルメール2　168
- フォローアップメールに使える表現　170

# I

# プレゼンテーションの組み立て方とスライドの作り方

# 1

# プレゼンテーションの組み立て方

プレゼンテーションの組み立て方は、プレゼンテーションの内容によって変わってきます。共通していえることは、まず全体を組み立ててから詳細をつめていくということです。「プレゼンテーションで伝えたい目的や主題は何か？」「ターゲットになる聴衆は誰なのか？」を考え、全体を組み立てましょう。
英語のプレゼンテーションは、基本的に次の3つの要素で構成します。

---
(1) 導入（オープニング）
(2) 本論（ボディ）
(3) 結論（クロージング）
---

導入では、自分がどのようなことを伝えたいのかを述べ、本論では、伝えたいことそのものについて述べます。そして、最後に結論で自分の伝えたかったことのまとめを行います。最初に理解して欲しいポイ

ントを述べるようにしましょう。

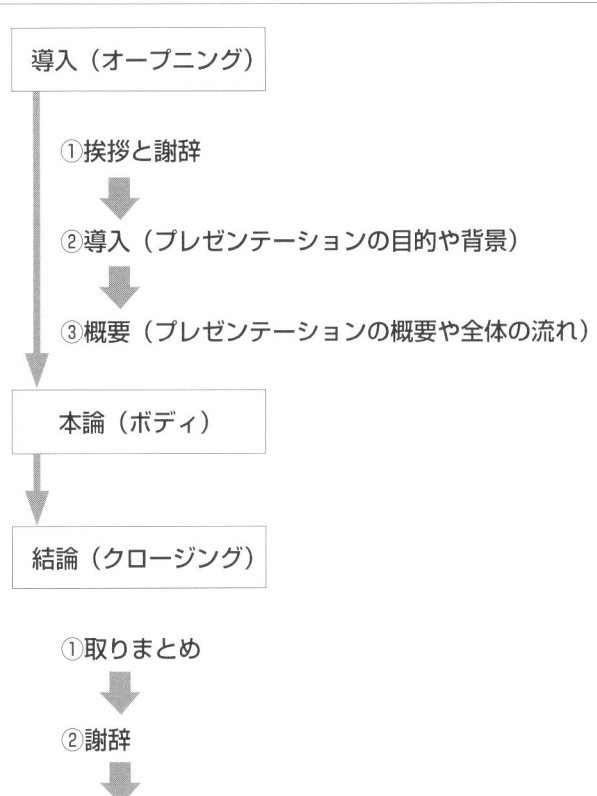

この基本ステップを念頭において構想を練るとうまくまとまります。
結局は、自分が伝えたい結論に持っていくことが重要ですので、結論

からさかのぼって、どのようなストーリー展開にするかを考えていくと、準備しやすいでしょう。

では、それぞれのステップの詳細を見ていきましょう。

## (1) 導入（オープニング）
最初の導入部では、次のような要素を入れます。

### ①挨拶と謝辞
まずは、挨拶とプレゼンテーションの機会を与えてもらったことへの謝辞を述べます。
その後、自己紹介や会社の紹介などを行います。

### ②導入
プレゼンテーションの目的や背景などについて述べます。ここで聴衆への意識づけができます。

### ③概要
プレゼンテーションの概要や全体の流れについて説明します。英語のプレゼンテーションでは、話を大きく３つに分けるのが一般的とされています。
プレゼンテーションに使える表現を後の章でまとめていますが、３つに分けた場合にプレゼンテーションの概要を説明する表現をここでご紹介しておきます。

- First, I will … Second, I will … And finally, I will …
  第一に・・・、第二に・・・、そして最後に、・・・

- First, I will … Then, I will … And finally, I will ….
  最初に・・・、次に・・・、そして最後に、・・・

- First of all, I will … Next, I will … And finally, I will …
  まず最初に・・・、次に・・・、そして最後に、・・・

## (2) 本論（ボディ）

導入の③概要で説明したとおり、英語のプレゼンテーションでは、話を大きく３つに分けるのが一般的とされています。
もちろん、４つ以上の内容を話す必要がある場合は、このルールは当てはまりませんが、通常はまとめるときに、３つに分けることを念頭においてまとめてみましょう。
本論では、結論をサポートするようなデータや証拠を提示することもあるでしょう。

## (3) 結論（クロージング）

最後の結論では、次のような要素を入れます。

### ①取りまとめ

これまで述べてきたことの取りまとめを行い、強調したいことなどを再度伝えます。

②謝辞

　プレゼンテーションを聞いてもらったことに対する謝辞を述べます。

③質疑応答

　必要に応じて、プレゼンテーションに関する質疑応答の時間を設けます。また、問い合わせ先などを案内することもあるでしょう。

最近では、パワーポイントを用いた資料作成が主流になっていますが、話の流れを考えたスライド作成が重要です。
資料を作成した後で、必ずリハーサルをしてみて、自分が話しづらい流れになっていないか、スライドの順番は適当か、などをチェックしましょう。
実際にリハーサルをしてみると、頭の中で考えていた順番では意外にうまくいかないことがあります。たとえば、スライドの前後で話がうまくつながらない場合や、順番を入れ替えた方がいい場合、何度も前のページを参照しなければならないようなことがあります。
プレゼンテーションを成功させるためのひとつの要素として、スムーズに展開できるようなスライド作成が重要です。
スライド作成のポイントや注意事項については、「3．プレゼンテーションスライド作成のポイント」を参照してください。

# 2

# 各スライドの
# タイトルのつけ方

聴衆は、タイトルを見てそのスライドの内容を判断します。
そのことを考慮して、タイトルは、そのスライドの内容が分かるようなタイトルをつけましょう。
簡潔なタイトルがベストであることは言うまでもありませんが、内容によっては文章になる場合もあるでしょう。
タイトルのつけ方に厳密な決まりはありませんが、前置詞や冠詞以外の各単語の最初を大文字にするのが主流です。「Sales Strategy」のように、単語の最初を大文字にし、「Action Plan in Q3」や「Features of Product A」のように、「in」や「of」などの前置詞や「a」や「the」のような冠詞は小文字にします。また、「1H Sales Results」のように、冠詞を使わず、名詞を羅列したタイトルのつけ方もあります。

（タイトルの例）

| | |
|---|---|
| Agenda | 議題、アジェンダ |
| Overview | 概要 |
| Company Outline | 会社概要 |
| Service Line | サービス一覧 |
| Product Line | 製品一覧 |
| Market Share | マーケットシェア |
| Product Features | 製品の特徴 |
| Features of "ABC" | 「ABC」の特徴 |
| Price | 価格 |
| Sales Target | 売り上げ目標 |
| 1H Sales Target | 上期売り上げ目標 |
| 2H Sales Target | 下期売り上げ目標 |
| Sales Target in 2010 | ２０１０年の売上げ目標 |
| Sales Results | 売り上げ結果 |
| Q1 Sales Results | 第１四半期の売り上げ結果 |
| Market Analysis | 市場分析 |
| SWOT Analysis | SWOT 分析 |
| Benefits | 利点 |
| Advantages | 利点 |
| Challenges | 課題 |

| | |
|---|---|
| Advantages and Disadvantages | 長所と短所 |
| Strategy (Strategies) | 戦略 |
| Strategies in Q2 | 第2四半期の戦略 |
| Action Plan | 行動計画 |
| Action Plan in Q3 | 第3四半期の行動計画 |
| 2010 Challenges and Opportunities | 2010年の課題と機会 |
| Conclusion | 結論 |
| Change in (of) ~ | ~の変化 |

I プレゼンテーションの組み立て方とスライドの作り方

# 3

# プレゼンテーションスライド作成のポイント

英語でプレゼンテーションをすることが決まった後、多くの人が悩むのがスライド作成でしょう。

スライド作成について、明確なルールは存在していませんが、それが逆に悩む原因になってしまいます。

この章では、あえて「ルール」として、プレゼンテーションスライドを作るときのポイントと注意事項をご紹介します。

 # 長い文章を作らない

プレゼンテーションのスライドは、一目見て要点を理解してもらえるような内容にすることが重要です。細かな内容は口頭で伝えるようにして、スライドにはポイントだけを記載し、視覚的にすぐに理解できる程度にとどめましょう。簡潔でシンプルな表現を用いた箇条書きや、ビジュアル的な図表を活用しましょう。

悪い例）

---

**Our Business**

**Our business consists of web design, SEO consulting, and web marketing related services.**

---

Ⅰ プレゼンテーションの組み立て方とスライドの作り方

よい例）

### Our Business

◆ Web Design

◆ SEO Consulting

◆ Web Marketing

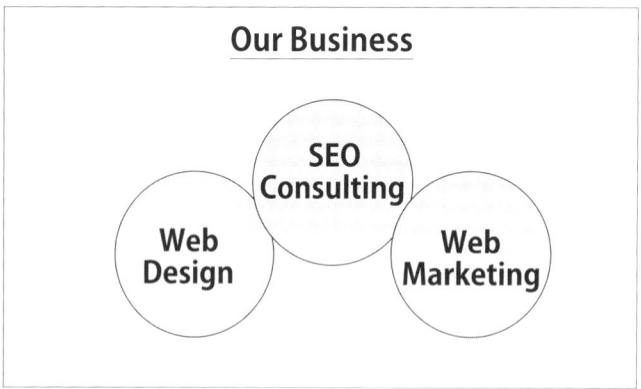

**ポイント！**

「読ませる」のではなく、「見せる」ことを考えましょう。

## ルール2 「1スライドに複数の要素や内容を盛り込まない」

言いたいことがたくさんあったとしても、1枚のスライドに入れる内容を詰め込んではいけません。1枚のスライドには、ひとつのテーマについて記載し、複数の要素を盛り込まないようにしましょう。
内容量が多くなりそうな場合は、スライドを複数に分けることができないか、検討してみましょう。

悪い例）1枚のスライドに内容を詰め込みすぎている。

---

**About XY Inc.**

◆ We were established in 1990.
◆ Our head office is in Tokyo.
◆ We have 5 branches all over Japan.
◆ Our business consists of:
　- Web Design
　- SEO Consulting
　- Web Marketing
　　　　　・
　　　　　・
　　　　　・

---

よい例）１つのスライドに入っている内容を複数枚に分ける。

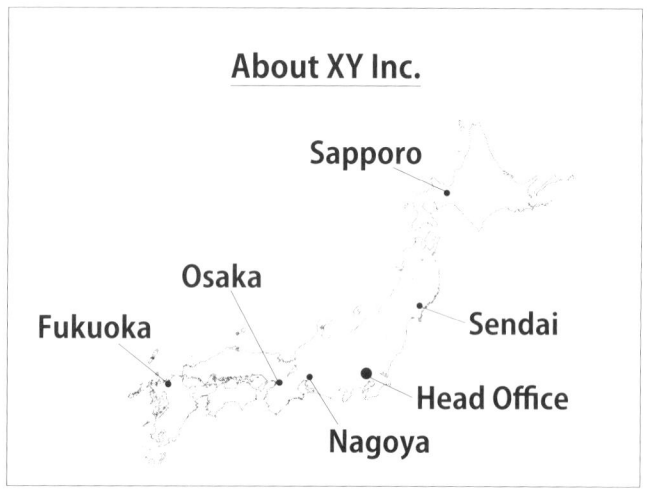

## Our Business

◆ Web Design
◆ SEO Consulting
◆ Web Marketing

> **ポイント！**
> １枚のスライドに入れる内容は限定し、トークでカバーしましょう。

# 文章のレベルをそろえる

日本語のプレゼンテーションでも同じことが言えると思いますが、何かを列記する際には、同じレベル(品詞や形)で列記します。

箇条書きにする場合は、書き出しの品詞をそろえましょう。

たとえば、1つ目の書き出しを動詞から始めたら、2つ目以降の書き出しもすべて動詞にします。

例として、ECO1000という商品の特徴を説明するスライドを作成する際、以下の3点を特徴として挙げる場合を見てみましょう。

- 生産量を上げる
- 省エネ
- 二酸化炭素の排出量を削減できる

(悪い例)書き出しの品詞がバラバラで、統一感がないため、聴衆が理解しにくい。

---

**Features of ECO 1000**

◆ <u>Increase</u> production
◆ <u>Energy</u> saving
◆ <u>Can</u> reduce $CO_2$ emissions

---

I プレゼンテーションの組み立て方とスライドの作り方

（よい例）品詞の統一により、聴衆の理解が早い。

---

**Features of ECO 1000**

ECO 1000 can …
◆ increase production
◆ save energy
◆ reduce $CO_2$ emissions

---

**Features of ECO 1000**

◆ Increase production
◆ Save energy
◆ Reduce $CO_2$ emissions

---

**ポイント！**

並べるときは同じレベル（品詞や形）でそろえましょう。

### ここにも気をつけよう！

文章の中で並列する際にも、品詞をそろえましょう。

（形容詞を並列した例）

We provide simple, clear, and effective method.

（我々は、シンプルで明快、かつ効果的な手法をご提供します）

（動詞を並列した例）

We design and implement the service.

（当社は、サービスを設計、導入します）

（名詞を並列した例）

We can offer web design, web consulting, and web marketing.

（当社は、ウェブデザイン、ウェブコンサルティング、そしてウェブマーケティングをご提供できます）

Ⅰ　プレゼンテーションの組み立て方とスライドの作り方

# 重要な順序で並べる

箇条書きにする場合は、重要な順序で記載しましょう。強調したいことや、優先順位が高いものから順に記載します。
また、順番があるようなものについては、1、2、3…や①、②、③…などの数字をつけて記載しますが、順番を表さないようなものについては、 – や◆等の記号を用いて記載しましょう。

(順番がある場合)

> **Telemarketing Procedure**
>
> ① Make a calling list
>
> ② Prepare a script for telemarketing
>
> ③ Train staff

（順番がない場合）

**Action Plan**

◆ Telemarketing

◆ Internet marketing

◆ Promotion seminar

### ポイント！

重要なものから順に記載しましょう。
また、順番（優先順位なども含む）を表さない項目の頭に数字を使用しないよう、注意しましょう。

# ルール5　シンプルでわかりやすい表現を使う

ビジネスプレゼンテーションだからといって、難しく堅い言葉や表現を使う必要はありません。むしろ、できるだけシンプルで短い表現を使うように心がけましょう。

聞き手がスライドを見てすぐに内容を理解できるようにすることが重要です。そのためにも、短い単語や表現を使用します。

ただし、ビジネス用語を使用することにより、日常会話で使用されている単語や表現を採用することに比べ、プロフェッショナルな印象を与えることができます。

また、聞き手の対象によって、使用する用語にも気をつけましょう。業界をまったく知らない聞き手を対象にしたプレゼンテーションで、業界用語を使うことがないよう、気をつけましょう。

やむを得ず業界用語や専門用語を使用する場合には、定義づけや説明を加えましょう。略語にも注意が必要です。理解できない用語が連発されると、聴衆の聞く気が失せてしまいます。

（例）SEO（Search Engine Optimization）について、知識がなさそうな聴衆へのプレゼンテーションの場合

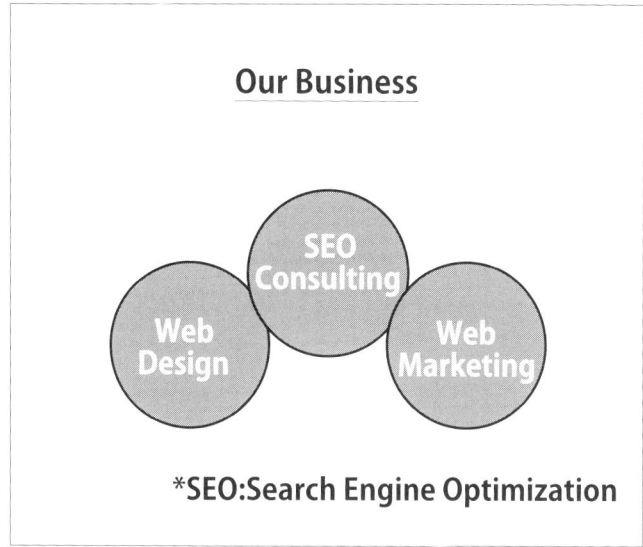

※スライドに加え、SEO の説明を口頭で行いましょう。

**ポイント！**

聴衆のレベルに合わせた、分かりやすい単語や表現を使いましょう。

## ルール6　ポイントとなる単語を主語にする

ポイントとなる単語を主語にすることにより、そのポイントが主体となった文章が作成されます。それによって、聴衆にポイントが伝わりやすくなります。

また、受動態よりも能動態を積極的に使うように心がけましょう。
能動態は文章がシンプルなので、聞き手が理解しやすいこともありますし、受動態よりも直接的で、力強いメッセージを伝えることができます。

ただし、主語にもってくる単語によっては、受動態の方がふさわしい場合がありますので、必要に応じて使い分けましょう。

(例) ポイントが「ECO 1000」である場合

悪い例) **Productivity can be increased by "ECO 1000."**
「ECO 1000」によって、生産性が向上します。

よい例) **"ECO 1000" can increase productivity.**
「ECO 1000」は、生産性を向上させます。

### ポイント！

ポイントとなる単語を主語にもってきて、聴衆に伝わりやすい文章を作りましょう。

 主語について

社外向けのビジネスプレゼンテーションでは、主語は「自分」というよりは「当社」となります。

プレゼンテーションスライドだけでなく、話す場合も同様ですが、個人的な意見を述べたりする場合以外は、"I" ではなく、"We" を使いましょう。

たとえば、見解を述べる際に、"We" を使うことにより、個人的な見解ではなく、会社としての見解を述べていることになります。

# ルール7 スライドのつながりを考える

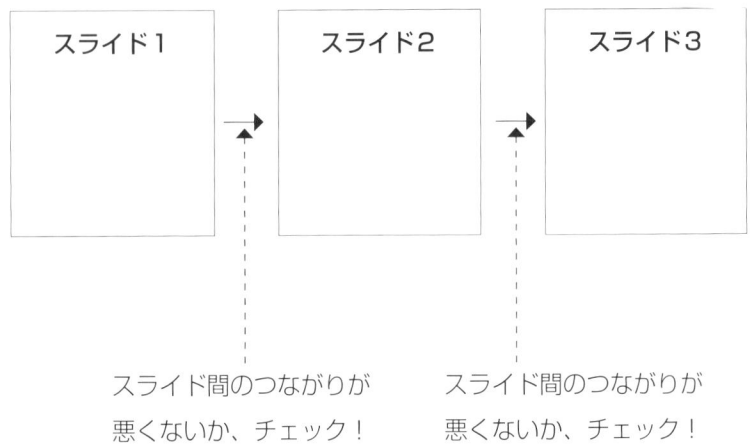

各スライドの内容はよくても、前後のつながりがスムーズかどうかを必ずリハーサルをして確認しましょう。

また、何かのデータを何度も参照するような場合など、前のスライドに戻ることが多くなるようであれば、話の流れにそって同じスライドを入れておくのもひとつの方法です。

スライド3の後、スライド1のデータを再度参照するようであれば、スライド1に戻らず、スライド1のデータをスライド3の後に入れることも検討してみましょう。

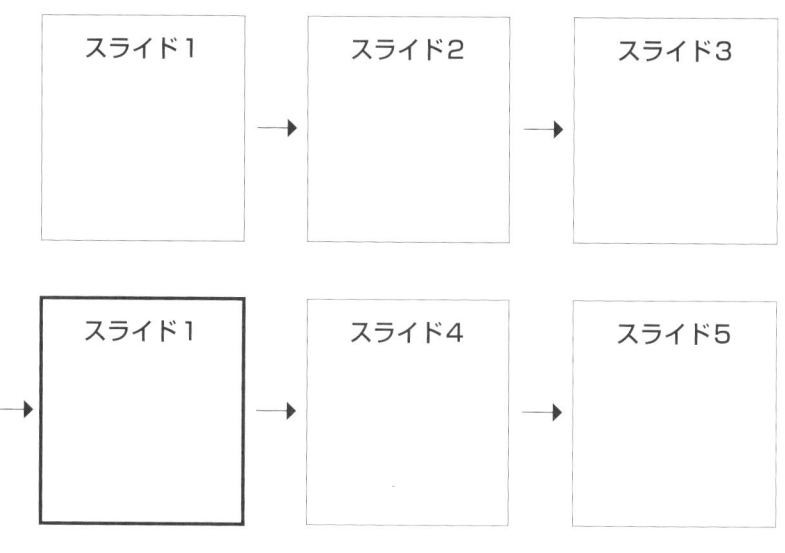

> ポイント！
>
> 実際にプレゼンテーションをする流れを考えたスライドを作成しましょう。

## ルール 8  マイナスや否定の表現を避ける

マイナスの印象を与える単語や表現は、できるだけポジティブな印象を与える単語や表現に置き換えましょう。

日本語でも、「問題点」とするより、「課題」とした方がポジティブな印象を与えられるように、英語でも同じことが言えます。

ビジネス英語ではありませんが、痩せている状態を「slim（スリムな）」と表現する場合と、「skinny（痩せている）」と表現する場合のニュアンスの違いをイメージしてみてください。「slim」がポジティブ、「skinny」がネガティブなニュアンスを与えることがわかるでしょう。もう一例あげると、「子供っぽい」ことを表す形容詞に「Childish」と「childlike」がありますが、前者がネガティブ、後者がポジティブな表現になります。

マイナスの表現と同様、否定の表現も後ろ向きな印象を与えますので、避けるようにしましょう。

(例)
problem（問題）→ challenge（課題）
cost（コスト）→ investment（投資）
difficult（困難な）→ challenging（やりがいのある、挑戦的な）
not good（よくない）→ poor（乏しい）
stingy（けちな）→ economical（経済的な）

**ポイント！**

ネガティブな単語や表現の代わりに、ポジティブな表現を使って、積極的、前向きな印象を与えましょう。

## ルール9 見やすいフォントサイズや種類、色を設定する

フォントは見やすい種類のフォントを選びましょう。Arial や Century が推奨されることが多いようですが、個人的には、Arial が見やすく、同じサイズでも大きめに表示されるので、Arial を好んで使用しています。

サイズについても、できるだけ大きいサイズを設定しましょう。内容を詰め込みすぎると、小さい文字がぎっしり並ぶことになり、見る側が読みづらいばかりか、うんざりしてしまいます。

また、タイトルと本文のメリハリがつくようなサイズをそれぞれに設定しましょう。タイトルには、24ポイント程度、テキスト部分には少なくとも14ポイント以上のフォントサイズを適用することをお薦めします。可能であれば、16〜18ポイントが理想的です。

あまりに大きすぎるフォントは、威圧的な印象を与え、逆効果になりますので、注意しましょう（意図的に強調するような場合は別ですが）。

色についても、プロジェクタで映すことを考えた配色にしましょう。薄すぎる色や蛍光色は見えにくいので、気をつけましょう。配布資料として配ることも考えた配色にすることも必要です。せっかく色分けしていても、モノクロの配布資料では、その違いが区別できません。

強調したい部分は、フォントの種類やサイズを変更したり、下線を引く等の工夫をしましょう。

（例）

Arial を用いた場合

**The font should be easy to read.**

Century を用いた場合

The font should be easy to read.

> ポイント！
>
> 見やすさを考えたフォントを設定しましょう。

## 時間配分

日本語のプレゼンテーションでも同じですが、プレゼンテーションの時間が決められている場合は、その時間を厳守することが大切です。どんなにすばらしい内容であっても、時間を大幅に超えてしまうと評価は半減します。

時間を厳守するために、いつも私が実行しているコツをご紹介します。

私はいつも、進行具合によって、短くも長くも調整できるスライドを数枚入れています。

そのスライドで時間調整をすれば、時間の不足や超過を心配することなく、プレゼンテーションを進めることができます。

自分でリハーサルをする際に、各スライドの説明にかかる所要時間を計っておきます。

プレゼンテーションの際に手元資料を用意している人は多いと思いますが、その資料の区切りのいいスライドの隣にそのスライドの終了予定時間を書いておきます。

区切りに来たときに時計で時間を確認しつつ、その後のスライドを説明する時間を調整します。

日本語の場合も同じ準備をしていますが、このおかげで毎回ほぼピッタリの時間でプレゼンテーションを終えることができます。

## ルール 10 図表を有効活用する

視覚的にすぐに理解してもらうには、図表が効果的です。
特に、何かのデータを示す場合は、数字や文字だけの羅列では理解するのに時間がかかります。そのデータをもとにグラフにすれば、一目見ただけで推移等がわかります。

(悪い例 1 )

**Our Offices**

◆ Tokyo

◆ Sapporo

◆ Osaka

◆ Nagoya

◆ Fukuoka

◆ Sendai

（よい例１）

**Our Offices**

- Sapporo
- Sendai
- Fukuoka
- Osaka
- Nagoya
- Tokyo

(悪い例2)

【1H Sales Result】

| Month | Jan | Feb | Mar | Apr | May | Jun |
|---|---|---|---|---|---|---|
| Target | 50,000 | 50,000 | 55,000 | 50,000 | 50,000 | 55,000 |
| Actual | 45,750 | 54,120 | 56,230 | 46,890 | 52,000 | 57,570 |

> **スライドの配色について**
>
> スライドの配色については、38ページで述べたとおりですが、パソコンの画面上で見た色とプロジェクタを通して見た色が異なることがあります。
> プレゼンテーション中に、見づらいことに気づくということがないように気をつけましょう。特に、蛍光色は要注意です。

(よい例2)
【1H Sales Result】

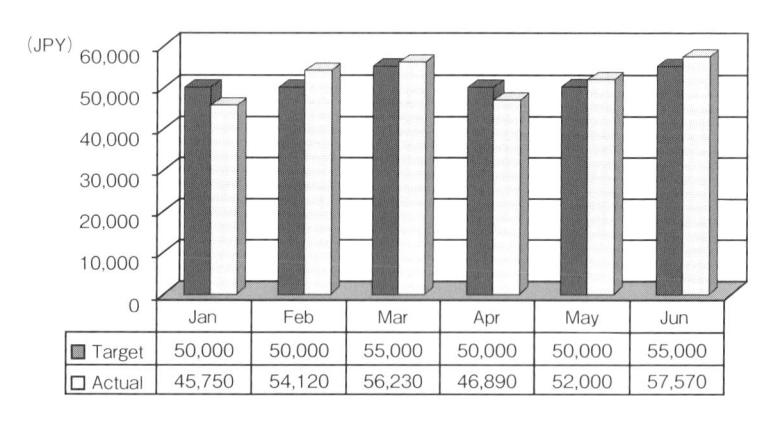

| (JPY) | Jan | Feb | Mar | Apr | May | Jun |
|---|---|---|---|---|---|---|
| ■ Target | 50,000 | 50,000 | 55,000 | 50,000 | 50,000 | 55,000 |
| □ Actual | 45,750 | 54,120 | 56,230 | 46,890 | 52,000 | 57,570 |

(悪い例3)

【Market Share】

| Company | A | B | C | D | E | F | G |
|---|---|---|---|---|---|---|---|
| Share | 35% | 20% | 18% | 15% | 5% | 4% | 3% |

> **ポイント！**
>
> 聴衆の理解を促すために、図表を活用しましょう。

(よい例３)
【Market Share】

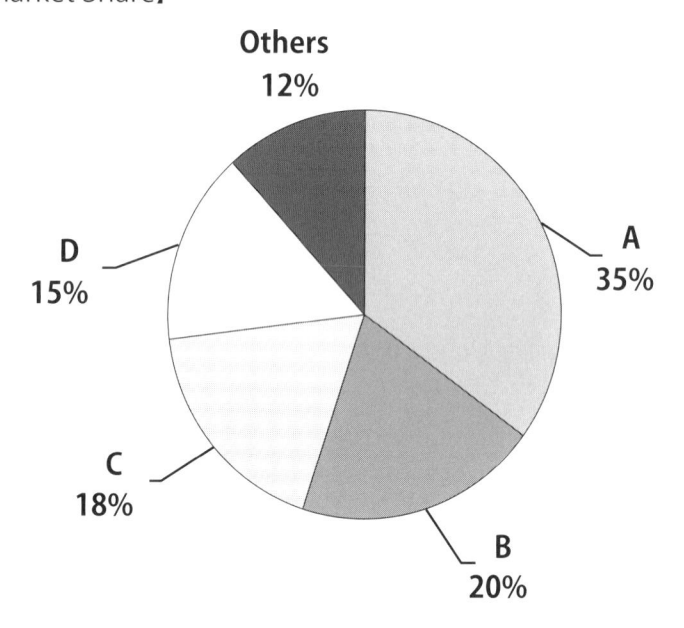

- Others 12%
- A 35%
- B 20%
- C 18%
- D 15%

> **ポイント！**
>
> 円グラフや棒グラフを作る際に、データの種類が多すぎてどこが何を表しているのか分からないような場合があります。
> 少数派を「その他」としてまとめることもひとつの手です。

### リハーサル

リハーサルは絶対に行いましょう。

頭で考えているより、実際に声に出してプレゼンテーションを行ってみると、説明しにくい箇所や流れが悪い箇所が見つかったりするものです。

プレゼンテーションに慣れてくると、自分の中で解決できるようになりますが、初めてプレゼンテーションを行う方やあまり経験がない方は、恥を忍んで誰かにチェックしてもらうことをお奨めします。

I プレゼンテーションの組み立て方とスライドの作り方

# II

# プレゼンテーションにすぐに使える表現

# 4

# これだけはおさえておきたい！
# プレゼンテーションでよく使うキーフレーズ

> ◖ **I'm going to talk about ～**　～についてお話します
>
> 「I'm going to talk about ～」は、これから話すことについて触れるときに使える表現です。～には名詞を持ってきます。
> 頭に「Now,」を付けると、「では、～についてお話します」となります。

☐ **I'm going to talk about** the global trend.　　　Track 1
　世界の動向についてお話します。

☐ **I'm going to talk about** green house gas emission trading.
　温室効果ガス排出権取引についてお話します。

☐ **I'm going to talk about** our sales strategy.
　営業戦略についてお話します。

☐ **I'm going to talk about** our marketing plan.
　マーケティング計画についてお話します。

> ● **I'd like to explain 〜** 　〜をご説明させていただきます
>
> 「I'd like to explain 〜」は、これから説明する内容を伝えるときに使える表現です。
>
> 〜には名詞を持ってきますが、that でつないで文章を持ってくることもできます。

Track 2

☐ **I'd like to explain** our service.
弊社のサービスについてご説明させていただきます。

☐ **I'd like to explain** our sales strategy for next year.
来年の営業戦略についてご説明させていただきます。

☐ **I'd like to explain** the details of the promotion.
販売促進の詳細についてご説明させていただきます。

☐ **I'd like to explain** the scheme.
スキームについてご説明させていただきます。

☐ **I'd like to explain** the current status.
現状をご説明させていただきます。

☐ **I'd like to explain** the details later.
後ほど、詳細をご説明させていただきます。

### ◖ Let me talk about ~　～についてお話させていただきます

「Let me talk about ～」は、「I'm going to talk about ～」と同様、これから話すことについて触れるときに使える表現です。

～には名詞を持ってきます。

「Let me ～」は、「私に～させてください」という表現ですので、「I'm going to talk about ～」と比較すると、許可を求めるようなニュアンスが入ります。

Track 3

☐ **Let me talk about** our company.

弊社についてお話させていただきます。

☐ **Let me talk about** the features of the product.

製品の特徴についてお話させていただきます。

☐ **Let me talk about** the market situation.

市場の状況についてお話させていただきます。

☐ **Let me talk about** some examples.

いくつかの事例についてお話させていただきます。

☐ **Let me talk about** the local trend.

国内の動向についてお話させていただきます。

※ global に対して、国内のことを local と言うことがよくあります。

### ● We're going to look at 〜　〜を見てみましょう

「We're going to look at 〜」は、これから何かを見ていくというときに使える表現です。

〜には名詞を持ってきます。

Track 4

☐ **We're going to look at** our market share.
我々のマーケットシェアを見てみましょう。

☐ **We're going to look at** our sales results in Q1.
第1四半期の営業の結果を見てみましょう。
※第1四半期は、正式には「first Quarter」と言います。

☐ **We're going to look at** the recent trend.
最近の動向を見てみましょう。

☐ **We're going to look at** another case.
他のケースを見てみましょう。

☐ **We're going to look at** our industry forecasting.
我々の業界動向予測を見てみましょう。

☐ **We're going to look at** the change in consumer awareness.
消費者意識の変化について見てみましょう。

> ◐ **I'll begin by ～**　～から始めます
>
> 「I'll begin by ～」は、「まずはじめに、～から始める」というときに使える表現です。
>
> プレゼンテーションの最初に使う定番表現です。～には動名詞（動詞の原形＋～ ing）を持ってきます。

Track 5

- [ ] **I'll begin by** discussing the sales results in Q1.

    第1四半期の営業実績について議論することから始めます。

- [ ] **I'll begin by** explaining our company outline.

    会社概要のご説明から始めます。

- [ ] **I'll begin by** discussing overall strategy.

    全体的な戦略を議論することから始めます。

- [ ] **I'll begin by** introducing our services.

    弊社のサービスをご紹介することから始めます。

- [ ] **I'll begin by** looking at the Japanese case.

    日本のケースを見ることから始めます。

- [ ] **I'll begin by** explaining the current situation.

    現況を説明することから始めます。

### ● I'll start with ～　～から始めます

「I'll start with ～」は、「I'll begin by ～」と同様、「まずはじめに、～から始める」という際に使える表現です。
プレゼンテーションの最初に使う定番表現です。～には名詞を持ってきます。

Track 6

☐ **I'll start with** our target review.
目標のレビューから始めます。

☐ **I'll start with** the market trend.
市場動向から始めます。

☐ **I'll start with** Product A.
商品 A から始めます。

☐ **I'll start with** the first question.
最初のご質問から始めます。

☐ **I'll start with** the result of the survey.
調査の結果から始めます。

☐ **I'll start with** the easy issues.
簡単な問題から始めます。

> **Please take a look at ～**　～をご覧ください

「Please take a look at ～」は、何かを見てもらうときに使える表現です。
資料などを見てもらうときに使う定番表現です。～には名詞を持ってきますが、図表やページ番号がくることがよくあります。

Track 7

☐ **Please take a look at** page 5.
　5ページをご覧ください。

☐ **Please take a look at** the pie chart.
　円グラフをご覧ください。

☐ **Please take a look at** Table 1.
　表1をご覧ください。

☐ **Please take a look at** the red line.
　赤い線をご覧ください。

☐ **Please take a look at** the bottom.
　一番下をご覧ください。

☐ **Please take a look at** the tendency of female consumers.
　女性の消費者の傾向をご覧ください。

### ◖ Let's move on to ~　~に移りましょう

「Let's move on to ~」は、話題を変えるときに使える表現です。
次ページに移る際にもよく使います。~には名詞を持ってきます。
頭に「Now,」を付けると、話題が変わるニュアンスがより強まります。

Track 8

☐ **Let's move on to** the next issue.

次の問題に移りましょう。

☐ **Let's move on to** the next example.

次の事例に移りましょう。

☐ **Let's move on to** the next page.

次のページに移りましょう。

☐ **Let's move on to** the next item on the agenda.

次の議題項目に移りましょう。

☐ **Let's move on to** the environmental issue.

環境問題に移りましょう。

☐ **Let's move on to** the other issue.

もうひとつの問題に移りましょう。

> ### ◐ I'm in charge of ～　～を担当しています
> 
> 「I'm in charge of ～」は、自分の紹介をするときに使える表現です。～には機能を表わす名詞などを持ってきます。

Track 9

☐ **I'm in charge of** domestic sales.

　国内営業を担当しています。

　※ domestic(local) sales 国内営業 ↔ international sales 国際営業

☐ **I'm in charge of** the new product project team.

　新製品のプロジェクトチームを担当しています。

☐ **I'm in charge of** business development.

　事業開発を担当しています。

☐ **I'm in charge of** marketing.

　マーケティングを担当しています。

#### ワンモアポイント

「担当している」ことを表す表現は他にもあります。

☐ I'm responsible for marketing.

　私はマーケティングの責任者です。

☐ I'm handling recruitment.

　採用を担当しています。

### ● I'd like to focus on ～　～に注目したいと思います

「I'd like to focus on ～」は、何かに焦点をあてたり、注目するときに使える表現です。

～には名詞を持ってきます。

「focus on」というひとつの塊で覚えておきましょう。

Track 10

□ **I'd like to focus on** their marketing strategy.

彼らのマーケティング戦略に注目したいと思います。

□ **I'd like to focus on** the global trend.

世界の傾向に注目したいと思います。

□ **I'd like to focus on** the sales results in Q2.

第二四半期の売上げ実績に注目したいと思います。

□ **I'd like to focus on** the revenue growth.

収益の伸びに注目したいと思います。

□ **I'd like to focus on** the cost-benefit performance .

その費用対効果に注目したいと思います。

□ **I'd like to focus on** the gap between these two.

これら2つのギャップに注目したいと思います。

> ◖ **The problem is ～**　問題は、～
>
> 「The problem is ～」は、問題提起をするときに使える表現です。
> 「The problem is ～」の～には、名詞を持ってくることもできますし、主語＋動詞の文章を持ってくることもできます。

Track 11

☐ **The problem is** the cost.
　問題はコストです。

☐ **The problem is** the initial investment .
　問題は、初期投資額です。

☐ **The problem is** we are still waiting for approval.
　問題は、まだ認可待ちだということです。

☐ **The problem is** our labor fee is too high.
　問題は、我々の人件費が高すぎることです。

☐ **The problem is** the profit is too low.
　問題は、利益が低すぎることです。

☐ **The problem is** we don't have enough resources.
　問題は、十分なリソースがないことです。

### ● We're planning to ～　～する予定です

「We're planning to ～」は、予定を述べるときに使える表現です。今後の計画等について話すときによく使います。
「plan to」というひとつの塊で覚えておきましょう。～には動詞の原形を持ってきます。

Track 12

☐ **We're planning to** make a promotion.
販売促進を行う予定です。

☐ **We're planning to** develop our new service next quarter.
来期は、新サービスを開発する予定です。

☐ **We're planning to** expand into the Chinese market next year.
来年は中国市場に進出する予定です。

☐ **We're planning to** launch some new project teams.
新しいプロジェクトチームをいくつか発足させる予定です。

☐ **We're planning to** change our organization.
組織変更を行う予定です。

☐ **We're planning to** revise the instructions manual.
取扱説明書を改訂する予定です。

> ● **We (I)'d like to suggest that ~**　~を提案したいと思います
>
> 「We (I)'d like to suggest that ~」は、提案をするときに使える表現です。suggestの他に、proposeも使えます。
> ~には、主語＋動詞の文章を持ってきます。

Track 13

☐ **We'd like to suggest that** you introduce a management tool.
　管理ツールを導入することを提案したいと思います。

☐ **We'd like to suggest that** you conduct SWOT analysis.
　SWOT分析を実施することを提案したいと思います。

☐ **I'd like to suggest that** we reconsider our sales strategy.
　営業戦略を再検討することを提案したいと思います。

☐ **We'd like to suggest that** we utilize our website.
　ウェブサイトを活用することを提案したいと思います。

### ワンモアポイント

"We (I)'d like to suggest" の後にいきなり名詞を持ってくることもできます。

☐ We'd like to suggest an alternative.
　代替案をご提案したいと思います。

☐ We'd like to suggest "Program C."
　「Cプログラム」をご提案したいと思います。

## What we (I) 'd like to ~ is …

　　　　　　　　　　　私(達)が～したいことは、…です

「What we (I)'d like to ～ is …」は、自分が主張したいことを述べるときに使える表現です。

～には動詞の原形を持ってきます。…には名詞を持ってきますが、that でつないで、主語＋動詞の文章を入れることもできます。

Track 14

☐ **What we'd like to** emphasize is its cost performance.

　私が強調したいのは、コストパフォーマンスです。

☐ **What we'd like to** emphasize here is the capacity.

　私がここで強調したいのは、処理能力です。

☐ **What I'd like to** pay attention to here is the change in our customer preference.

　私がここで注目したいことは、当社顧客の好みの変化です。

☐ **What I'd like to** focus on is the IT industry.

　私が注目したいのは、IT 業界です。

☐ **What we'd like to** tell you here is the importance of information security.

　我々がここで申し上げたいのは、情報セキュリティの重要さです。

> ◐ **It's obvious that ~**　～は明らかです
>
> 「It's obvious that ～」は、はっきりと分かることを述べるときに使える表現です。
>
> ～には、主語＋動詞の文章を持ってきます。

Track 15

- [ ] **It's obvious that** our sales will drop in August.
  8月に売上が落ちるのは明らかです。

- [ ] **It's obvious that** they will launch a new service.
  彼らが新サービスを立ち上げることは明らかです。

- [ ] **It's obvious that** we have to follow the regulation.
  我々がその規制に従わなければならないことは明らかです。

- [ ] **It's obvious that** the cost is too high.
  コストが高すぎることは明らかです。

- [ ] **It's obvious that** there is a high risk with changing suppliers.
  サプライヤーを変更することに高いリスクがあることは明らかです。

- [ ] **It's obvious that** we should prevent global warming.
  地球温暖化を防止すべきだということは明らかです。

> **◉ According to ~   ~によると、**
> 
> 「According to ~」は、何かを引用するときに使える表現です。~には名詞を持ってきますが、報告書、組織名、人名等がよく使われます。

Track 16

☐ **According to** the survey,
　調査によると、

☐ **According to** the report,
　報告書によると、

☐ **According to** the financial report,
　財務報告書によると、

☐ **According to** the statistics,
　統計によると、

☐ **According to** the Ministry of Economy, Trade and Industry,
　経済産業省によると、

☐ **According to** Mr. Tanaka,
　田中氏によると、

> ◉ **Compared with ~ (Compared to ~)** ～と比較すると、
>
> 「Compared with ～ (Compared to ～)」は、何かと比較する際に使える表現です。
>
> ～には名詞を持ってきます。

Track 17

☐ **Compared with** last year,

昨年と比較すると、

☐ **Compared with** ABC Inc.,

ABC 社と比較すると、

☐ **Compared with** the previous model,

前モデルと比較すると、

☐ **Compared with** the food industry,

食品業界と比較すると、

☐ **Compared with** our competitors,

競合他社と比較すると、

☐ **Compared with** the younger generation,

若い世代と比較すると、

### ● If you compare A and B,　AとBを比較すると、

「If you compare A and B.」は、AとBという2つのものを比較する表現です。(「compare A and B」は、「compare A with(to) B」とも入れ換え可能です。後者の方が一般的に使われています)
AとBには、名詞を持ってきます。

Track 18

□ **If you compare** 2007 **and** 2008,
　2007年と2008年を比較すると、

□ **If you compare** Type A **and** Type B,
　AタイプとBタイプを比較すると、

□ **If you compare** X Inc. **and** us,
　X社と当社を比較すると、

□ **If you compare** B to B business **and** B to C business,
　B to BビジネスとB to Cビジネスを比較すると、

□ **If you compare** the current period and the previous period,
　当期と前期を比較すると、

□ **If you compare** 25 and 35,
　25歳と35歳を比較すると、

## Before I ~ , ~する前に、

「Before I ~」は、「~を始める前に」と、前置きをするときに使える表現です。
~には動詞を持ってきます。

Track 19

☐ **Before I** start,
　始める前に、

☐ **Before I** move on to the next issue,
　次の課題に移る前に、

☐ **Before I** wrap up my presentation,
　私のプレゼンテーションを終える前に、

☐ **Before I** illustrate this figure,
　この図を説明する前に、

☐ **Before I** talk about our company outline,
　会社概要をお話する前に、

☐ **Before I** take your questions,
　ご質問をお受けする前に、

> ● **Contrary to ~ ,** 　〜とは反対に、
>
> 「Contrary to ~」は、「〜とは反対に」と、逆のことを述べるときに使える表現です。
> 〜には名詞を持ってきます。

Track 20

☐ **Contrary to** the European case,

　ヨーロッパのケースとは反対に、

☐ **Contrary to** Product A,

　A商品とは反対に、

☐ **Contrary to** the younger generation,

　若年層とは反対に、

☐ **Contrary to** our expectations,

　我々の予想に反して、

☐ **Contrary to** the previous year,

　前年に反して、

☐ **Contrary to** our prediction,

　我々の予測に反して、

> ● **in terms of ~**　〜の点で、〜の観点で
>
> 「in terms of ～」は、「～の点で」と、何かの観点について述べるときに使える表現です。
> ～には名詞を持ってきます。

Track 21

☐ **in terms of** price
　　価格の点で

☐ **in terms of** quality
　　品質の点で

☐ **in terms of** revenue
　　収益の点で

☐ **in terms of** stability
　　安定性の点で

☐ **in terms of** safety
　　安全性の面で

☐ **in terms of** accuracy
　　正確さの点で

> **~ consist(s) of …　〜は…から成っています**
> 「~ consist(s) of …」は、構成要素を述べるときに使える表現です。
> 〜にも、…にも、名詞を持ってきます。

Track 22

- [ ] The XY Group **consists of** five companies.
   XYグループは、5企業から成っています。

- [ ] XY Inc. **consists of** ten divisions.
   XY社は、10事業部から成っています。

- [ ] Our business **consists of** three main services.
   弊社の事業は、主に3つのサービスから成っています。

- [ ] The report **consists of** five sections.
   そのレポートは、5つのセクションから成っています。

- [ ] Our program **consists of** two main components.
   弊社のプログラムは、2つの主な要素から成っています。

- [ ] Our team **consists of** twenty people.
   我々のチームは、20名で構成されています。

### ◖ When you see ～, ～をご覧いただくと、

「When you see ～」は、何かを見て欲しいときに使える表現です。「～をご覧いただくと、…が分かるでしょう」というように使います。～には名詞を持ってきます。

Track 23

☐ **When you see** page 3,
　３ページをご覧いただくと、

☐ **When you see** our share,
　我々のシェアをご覧いただくと、

☐ **When you see** the result of the questionnaire,
　アンケートの結果をご覧いただくと、

☐ **When you see** the regulations,
　規制をご覧いただくと、

☐ **When you see** this figure,
　この図をご覧いただくと、

☐ **When you see** this change,
　この変化をご覧いただくと、

## ● As ~ indicate(s),　~が示すように、

「As ~ indicate(s)」は、何かが示している内容を説明する際に使える表現です。

特に、図表の説明の際に使う定番表現です。indicate の他にも、show, represent などの動詞が使えます。

Track 24

☐ **As Figure 1 indicates,**

図1が示すように、

☐ **As this figure indicates,**

この数字が示すように、

※「figure」は、図という意味と数字という意味を持っています。

☐ **As this table indicates,**

この表が示すように、

☐ **As the result indicates,**

結果が示すように、

☐ **As this line indicates,**

この線が示すように、

## ◖ I'm sure you'll ～　きっと～していただけるものと思います

「I'm sure you'll ～」は、「きっと～していただけるものと思います」という表現で、聴衆に理解してもらいたいことなどを伝えたいときに使える表現です。

～には、動詞の原形を持ってきます。

Track 25

☐ **I'm sure you'll** be satisfied with our service.
きっと、我々のサービスにご満足いただけるものと思います。

☐ **I'm sure you'll** find the advantage.
きっと、その利点をお分かりいただけるものと思います。

☐ **I'm sure you'll** be interested in our new product.
きっと、我々の新製品にご関心を持っていただけるものと思います。

☐ **I'm sure you'll** improve your productivity.
きっと、貴社の生産性が向上するものと思います。

### ワンモアポイント

※ I'm sure を使って次のような表現を作ることもできます。
I'm sure our service offers tremendous benefits to you.
きっと、弊社のサービスが、貴社に多大な利益をもたらすものと思います。

> ● **I assume that ～**　～だと想定しています
>
> 「I assume that ～」は、想定していることを述べるときに使える表現です。
>
> ～には、主語＋動詞の文章を持ってきます。

Track 26

- [ ] **I assume that** this tendency will last.
  この傾向は続くと想定しています。

- [ ] **I assume that** a lot of companies will consider biodiversity.
  多くの企業が生物多様性を考慮すると想定しています。

- [ ] **I assume that** we can maintain the same level of sales next year.
  来年も同レベルの売上げを維持できるものと想定しています。

- [ ] **I assume that** the same strategy could work for this as well.
  同じ戦略がこれにも機能するものと想定しています。

- [ ] **I assume that** they prefer our specifications.
  彼らは、我々の仕様の方を好んでいると想定しています。

- [ ] **I assume that** you'd like to know the advantages and disadvantages of our service.
  我々のサービスの利点と欠点をお知りになりたいのではないかと思います。

> ● **Here is ～** これは〜です
>
> 「Here is ～」は、「これは〜です」「ここに〜があります」という際に使える表現です。
>
> 〜には名詞を持ってきます。日本人の感覚からはなかなか出てこない表現かもしれませんが、簡単ですので覚えてしまいましょう。

Track 27

☐ **Here is** our new product.

　こちらが弊社の新商品です。

☐ **Here is** the price list.

　こちらが価格表です。

☐ **Here is** the result of our research.

　こちらが我々の調査結果です。

☐ **Here is** a good example.

　こちらがいい事例です。

☐ **Here is** a tentative schedule.

　こちらが仮のスケジュールです。

☐ **Here is** a basic plan.

　こちらがベーシックプランです。

### ● Please refer to ～　～をご参照ください

「Please refer to ～」は、何かを参照してもらいたいときに使える表現です。

プレゼンテーション資料内の特定のページや図表等を見てもらいたいとき、パンフレット等を見てもらいたいときなどに使えます。

Track 28

- [ ] **Please refer to** our product catalog.

    弊社の製品カタログをご参照ください。

- [ ] **Please refer to** page 15.

    15ページをご参照ください。

- [ ] **Please refer to** our website.

    弊社のウェブサイトをご参照ください。

- [ ] **Please refer to** our brochure.

    弊社のパンフレットをご参照ください。

#### ワンモアポイント

「参考までに」は、"for your reference" と言います。
知っておくと便利な表現なので、ぜひ覚えておきましょう。

> ● **There is (are) ～　～があります**
> 
> 「There is (are) ～」は、「～があります」という表現です。
> 場面を問わず、様々なところで使えます。～には名詞を持ってきます。

Track 29

☐ **There is** a difference between A and B.

　　AとBで違いがあります。

　　※ different の前に big (大きな) や slight (少しの) をつけることによって、違いの大きさを表現することができます。

☐ **There are** some similarities between A and B.

　　AとBで類似点がいくつかあります。

☐ **There is** a big issue concerning A.

　　Aについて、大きな問題があります。

☐ **There is** the Personal Information Protection Law in Japan.

　　日本には、個人情報保護法があります。

☐ **There is** a possibility of collaboration with our suppliers.

　　サプライヤーと協力する可能性があります。

> ### ● Thank you for ~
>  　　　～をありがとうございます、ありがとうございました
> 「Thank you for ~」は、御礼を述べるときに使う表現で、様々な場面で使える表現です。
> 
> 特に、プレゼンテーションの最初と最後に使う定番表現です。~には名詞を持ってきますが、動作を入れたい場合は動名詞（動詞の原形＋~ing）を持ってきます。また、「Thank you」の後に「very much」を入れると、より丁寧になります。

Track 30

- [ ] **Thank you for** your time.

    お時間をいただき、ありがとうございます。

- [ ] **Thank you for** your inquiry.

    お問い合わせをいただき、ありがとうございます。

- [ ] **Thank you** very much **for** your attention.

    ご清聴、まことにありがとうございました。

- [ ] **Thank you** very much **for** your interest in our inspection service.

    我々の検査サービスにご関心をいただきまして、まことにありがとうございます。

# 5

# 場面別 プレゼンテーションで よく使う表現

Track 31

## 導入 1. 挨拶・切り出す

### ● 挨拶をする

☐ Good morning, everyone.

皆さん、おはようございます。

☐ Good morning, ladies and gentlemen.

皆さん、おはようございます。

☐ Good afternoon, everyone.

皆さん、こんにちは。

☐ Good evening, everyone.
皆さん、こんばんは。

☐ Thank you for waiting.
お待たせいたしました。

### ◖ プレゼンテーションを始めることを伝える

☐ I'd like to get started.
始めたいと思います。

☐ Shall we get started?
始めましょうか？

☐ Let's get started.
始めましょう。

☐ I'd like to start my presentation.
プレゼンテーションを始めさせていただきます。

Track 32

## 導入 2. 参加者に謝辞を述べる

☐ Thank you for taking some time out of your busy schedule.
お忙しいところ、お時間をいただきましてありがとうございます。

☐ Thank you for giving us a chance to make a presentation.
プレゼンテーションの機会をいただき、ありがとうございます。

☐ We'd like to thank you for your time.
お時間をいただきまして、ありがとうございます。

☐ I'm very glad to be here today.
本日ここにいることを大変嬉しく思います。

☐ I appreciate the opportunity to make a presentation today.
本日、プレゼンテーションの機会をいただけることに感謝いたします。

☐ It's a pleasure for us to introduce our new service.
弊社の新サービスをご紹介することができ、光栄です。

Track 33

## 導入 3. 自己紹介をする

☐ Please allow me to introduce myself.
自己紹介をさせてください。

☐ Please let me introduce myself.
自己紹介をさせてください。

☐ My name is Keiko Tanaka.
田中恵子と申します。

☐ I'm Keiko Tanaka.
田中恵子と申します。

☐ My name is Keiko Tanaka. I'm from ABC.
ABC社の田中恵子と申します。

☐ I'm in charge of this project.
私はこのプロジェクトを担当しています。

☐ I'm in charge of marketing.
私はマーケティングを担当しています。

☐ I'm responsible for international sales.
私は、国際営業の責任者です。

☐ **I work for ABC Inc.**
ABC 社に勤務しています。

☐ **I'm the sales manager of ABC Inc.**
ABC 社の営業部長です。

Track 34

## 導入 4. 会社の紹介をする

- [ ] We're one of the leading companies in the IT industry.
  IT業界では大手企業のひとつです。

- [ ] We're one of the leading electronics manufacturers.
  大手電機メーカーのひとつです。

- [ ] We specialize in IT consulting.
  IT コンサルティングを専門にしています。
  ※ specialize in ～　～を専門に扱う

- [ ] Our core business is IT service.
  弊社の主力事業は、IT サービスです。

- [ ] We've been in business since 1995.
  1995 年に創業しました。

- [ ] We've been in this industry for 15 years.
  15 年間、この業界に従事しています。

- [ ] ABC Inc. consists of five divisions.
  ABC 社は、5 つの事業部で構成されています。

☐ We merged with ABC Inc. in 2000.
2000年にABC社と合併しました。

☐ We form an alliance with ABC Inc.
ABC社と提携しています。

☐ We form a capital alliance with ABC Inc.
ABC社と資本提携しています。

☐ Our head office is in Yokohama.
本社は横浜にあります。

☐ We have one hundred factories all over the world.
世界中に100の工場があります。

☐ We do business globally.
グローバルでビジネスを行っています。

☐ We're capitalized at 100 million yen.
資本金は1億円です。

☐ We have about 350 employees.
約350名の従業員がおります。

☐ Our annual revenue is about 300 million yen.
弊社の年商は、約3億円です。

☐ Our sales last year were 2 billion yen.
　　昨年の売上げは、20億円でした。

☐ We're the market leader in this industry.
　　弊社は、この業界におけるマーケットリーダーです。

☐ We dominate the market in this field.
　　弊社は、この分野で市場を独占しています。

☐ We have a 20% share of the market.
　　市場の20%のシェアを持っています。

☐ We're the second largest manufacturer in Osaka.
　　弊社は、大阪では2番目に大きい製造メーカーです。

☐ We expanded our business to China last year.
　　我々は昨年、ビジネスを中国に拡大しました。

☐ Please refer to our company brochure for details.
　　詳細については、会社案内をご参照ください。
　　※ refer to ～　～を参照する

※会社概要を説明する際によく使う単語や表現は、「6. 会社の説明に使える単語・表現」にまとめてありますので、参考にしてください。

Track 35

## 導入 5. プレゼンテーションの目的を述べる

### ● プレゼンテーションの主題を述べる

☐ **In my presentation today, I'd like to talk about our new service.**
本日のプレゼンテーションでは、弊社の新サービスについてお話したいと思います。
※ talk の他にも、explain（説明する）、show（示す）、tell（話す）などがよく使われます。

☐ **Today's presentation is about our SEO service.**
本日のプレゼンテーションは、弊社の SEO サービスについてです。

☐ **I'm here today to talk about our consulting service.**
本日は、弊社のコンサルティングサービスについてお話させていただきます。

☐ **I'd like to report on our first-half sales results.**
上半期の売上げ実績について、ご報告いたします。

☐ **The purpose of my presentation today is to talk about our new product.**
本日のプレゼンテーションの目的は、弊社の新商品についてお話することです。

- [ ] The reason I'm here today is to introduce our new product.
   本日こちらにまいりました理由は、弊社の新商品をご紹介するためです。

- [ ] The theme of my presentation is "corporate management."
   私のプレゼンテーションのテーマは、「企業経営」です。

### ● プレゼンテーションの目的を述べる

- [ ] By the end of my presentation, I hope you'll find that ECO1000 can perfectly satisfy your needs.
   プレゼンテーションの終わりには、ECO1000が完全に貴社のニーズを満たせることがおわかりになると思います。

- [ ] By the end of my presentation, I hope you'll understand the market situation.
   プレゼンテーションの終わりには、市場の状況がご理解いただけると思います。

- [ ] By the end of my presentation, I hope you'll agree with my strategy.
   プレゼンテーションの終わりには、私の戦略に同意いただけると思います。
   ※「By the end of my presentation,」はよく使う表現ですので、マスターしましょう。

## 導入 6. 所要時間や質疑応答について述べる

### ● プレゼンテーションの所要時間について述べる

☐ My presentation will take about 40 minutes.
　プレゼンテーションは、約 40 分を予定しております。

☐ I'll be speaking for about an hour.
　約 1 時間、お話させていただきます。

### ● 質疑応答について述べる

☐ There will be a brief Q & A period at the end.
　最後に、簡単な質疑応答の時間を設けています。

☐ I'll try to answer all of your questions after the presentation.
　プレゼンテーションの後に、ご質問にお答えしたいと思います。

☐ Please hold your questions till the end.
　ご質問は最後にお願いします。

☐ Please stop me at any time if you have any questions.
　ご質問がありましたら、いつでもご質問ください。

## 導入 7. プレゼンテーションの概要を説明する

### ● プレゼンテーションの流れを説明する

☐ Now, let's move on to today's agenda.
では、本日の議題に移りましょう。

☐ I've divided my presentation into three main parts.
大きく3つに分けてお話しさせていただきます。

☐ First, I'd like to outline our company. Then, I'll explain the current market trend. Finally, I'll introduce you to our new product.
まず最初に、弊社の概要をご説明します。次に、現在の市場動向をご説明いたします。最後に、我々の新商品をご紹介いたします。

☐ First of all, I'd like to show you the results of our marketing research. Then, I'm going to introduce our competitor's strategy. Finally, I'll explain our sales strategy.
まずはじめに、市場調査の結果をお見せしたいと思います。そして、競合他社の戦略をご紹介したいと思います。最後に、我々の営業戦略についてご説明します。

※ I'd like to 〜、I'll 〜、I'm going to 〜などの〜の部分には、様々な動詞を入れることができます。
discuss（話し合う）、tell（話す、伝える）、talk（話す）、show（見せる）、introduce（紹介する）、explain（説明する）などがよく使われます。

☐ Let me explain the background first.
　最初に、背景からご説明させてください。
　※「brief background」とすると、「簡単に背景について説明する」というニュアンスになります。

☐ Next, I'll explain the features of our new product.
　次に、弊社の新商品の特徴についてご説明いたします。

### ● 追加で触れる項目について述べる

☐ I'd also like to mention the price.
　価格についても触れたいと思います。

☐ We'd like to provide the local data as well as the global data.
　国内のデータと同様、海外のデータもご提供したいと思います。
　※ A as well as B　AもBも、AのほかにBも

☐ I'll mention environmental issues as well if I have time.
　時間があれば、環境問題についても触れましょう。
　※ as well　〜もまた

## 本論 1. プレゼンテーションに入る

Track 38

- [ ] I'm going to start with our company overview.
  会社の概要から始めさせていただきます。

- [ ] I'd like to start by introducing our company.
  弊社の概略をご紹介するところから始めさせていただきたいと思います。

- [ ] We're going to start with our target review.
  目標のレビューから始めましょう。

- [ ] Let's start by looking at the market trend.
  市場動向から見ていきましょう。

- [ ] Let me begin by introducing our product line.
  弊社の商品ラインをご案内するところから始めさせてください。

- [ ] Let me talk about our company before introducing our new product.
  弊社の新商品をご紹介する前に、弊社についてお話させてください。

- [ ] We're going to look at the market trend.
  市場動向を見てみましょう。

☐ Please look at page 2.

　２ページをご覧ください。

☐ I'll briefly explain the background.

　背景について、簡単にご説明します。

　※ explain の他に、outline などもよく使います。

☐ First, we will review the sales results in Q1.

　まず、第１四半期の売上げ実績を振り返りましょう。

☐ I'll briefly run through our project overview.

　我々のプロジェクトの概要について、簡単にざっと見てみましょう。

　※ run through　走り抜ける、ざっと目を通す

☐ I'll give you a quick overview of this industry.

　この業界についての概要を手短かにお話します。

Track 39

## 本論 2. 意見を述べる／関心をひく

☐ We'll focus on mid-sized companies.
中規模企業にフォーカスしてみましょう。

☐ I'm going to show you some interesting data.
興味深いデータをお見せしましょう。

☐ I'd like to elaborate on this situation.
この状況について詳しくお話したいと思います。

☐ I'd like to ask you a question.
皆さんにご質問したいと思います。

☐ Has anyone heard of risk management?
リスクマネジメントについて、聞いたことがある方はいらっしゃいますか？

※「hear about ～」も細かいニュアンスは異なりますが、「hear of ～」と同様に使えます。

☐ Have you heard of "green building"?
「グリーンビルディング」について聞いたことがありますか？

☐ Did you know that you could utilize a subsidy?
補助金が活用できることをご存じでしたか？

☐ You may have seen a similar case.
皆さんは似たような事例を見たことがあるかもしれません。

☐ How about Europe?
ヨーロッパはどうでしょうか？

☐ So what has changed?
それでは、何が変化したのでしょうか？

☐ I'd like to suggest that you utilize the Internet.
インターネットの有効活用を提案します。

☐ I believe that this strategy would work.
この戦略はうまくいくと信じています。

☐ I feel confident that we can achieve the target.
目標を達成できるものと確信しています。

☐ Our concern is "cost-effectiveness."
我々の関心事は、「費用対効果」です。

☐ I'd like to draw your attention to the European market.
ヨーロッパ市場に注目していただきたいと思います。

Track 40

## 本論 3. 事実を述べる

☐ The sales results were beyond our expectations.

売上げ実績は、予想を上回りました。

※「beyond」の前に「far」をつけると、かなり上回ったという表現になります。

☐ Our sales results in 2009 were above our expectations.

2009年の売上げ実績は、予想を上回るものでした。

☐ The sales results were below our expectations.

売上げ実績は、予想を下回りました。

☐ The market is slow.

市場が低迷しています。

※ 停滞している状態は、「stagnant」と言い、逆に好景気の状態は、「booming」と言います。

Track 41

## 本論 4. 理由や根拠を述べる

☐ There are two reasons for this.

これには、2つの理由があります。

☐ There is evidence.

証拠があります。

☐ There is data.

データがあります。

☐ The figure is based on the result of our survey.

数字は、我々の調査結果に基づいています。

※ be based on ～　～に基づいている

Track 42

## 本論 5. 特徴を述べる

☐ There are three features.
　特徴が3つあります。

☐ The first feature is its eco-friendliness.
　第一の特徴は、環境にやさしいということです。

☐ This is one-third of the market price.
　これは、市価の3分の1です。

☐ This is a nonleaded product.
　これは、鉛フリーの製品です。

☐ One of the distinctive features is its durability.
　顕著な特徴のひとつは、その耐久性です。

☐ The most distinctive feature is that it is "energy-saving."
　最大の特徴は、「省エネ」です。
　※ distinctive feature　顕著な特徴

## 本論 6. 例を示す

- [ ] Let me give you some examples.
  いくつか事例をご紹介しましょう。

- [ ] Let's see the Chinese case.
  中国の事例を見てみましょう。

- [ ] I'd like to show you the case of ABC Corporation.
  ABC 社の事例をお見せしたいと思います。

- [ ] For example, please look at Figure 1.
  たとえば、図1をご覧ください。

- [ ] For instance, I'll introduce the situation in the European market.
  たとえば、ヨーロッパ市場の状況をご紹介しましょう。

- [ ] I'll show you another example on the next page.
  次のページで、別の事例をお見せしましょう。

- [ ] A good example is XY Inc.
  よい例は、XY 社のものです。

☐ **A good example of this is J-SOX.**
このよい例が、J-SOX です。

☐ **To give an example, the food industry is a good case.**
例をあげれば、食品業界がそのケースです。

## 本論 7. 図表の説明をする

☐ Let's look at the survey results.
調査結果を見てみましょう。

☐ Please look at Figure 1.
図1をご覧ください。

☐ Please refer to page 15.
15ページを参照してください。

☐ Please take a look at the figure on the screen.
スクリーン上の図をご覧ください。

☐ The experimental results are shown in Figure 2.
実験結果を図2に示しています。

☐ I'll explain our verification service with a flow chart.
当社の検証サービスをフローチャートでご説明します。

☐ If you look at the following data, you'll find the trend.
次のデータをご覧になれば、傾向がわかるでしょう。

☐ This figure shows our competitor's sales growth.
この数字は、我々の競合の売上げの伸びを示しています。

- [ ] This graph shows a comparison with our competitors.
  このグラフは競合他社との比較を示したものです。

- [ ] The figure is based on the research report by X Inc.
  この数字は、X 社の調査報告書に基づいています。

### ● 表の部分について説明する

- [ ] The vertical line represents the number of companies.
  縦軸は、企業数を表しています。

- [ ] The horizontal line represents time.
  横軸は、時間を表しています。

- [ ] The solid line is our performance last year.
  実線は、去年の実績です。

- [ ] The segment in green shows our market share.
  緑色の部分は、弊社のマーケットシェアを表しています。

- [ ] The figure in blue represents the target for this year.
  青色の数字は、今年の目標です。

## ● 数値を用いて説明する

☐ Our revenue has reached 100 million yen.
　当社の収益は、1億円に達しました。

☐ Our revenue increased 20%.
　当社の収益は、20%増加しました。

☐ We achieved a double-digit increase last year.
　昨年は、二桁増を達成しました。
　※ double-digit 二桁の

☐ Internet sales grew approximately 30% to 50 million yen.
　インターネットの売上げは、約30%増え、5千万円でした。

## ● 図表の表す意味について述べる

☐ As this figure indicates, our sales have increased.
　この数字が示しているように、当社の売上げは上がっています。

☐ It means that one-third is considering investing.
　1/3が投資を考えているということになります。

☐ That means the market has already matured.
　市場がすでに成熟しているということになります。

- [ ] As you can see, our revenue increased by 10 %.

  ご覧のとおり、我々の収益は 10% 増加しました。

- [ ] Our revenue has increased steadily.

  収益は、着実に増加しています。

- [ ] Our revenue has been stagnant.

  収益は、停滞しています。

- [ ] Our revenue has increased at least 15% annually.

  収益は、年間少なくとも 15% 増加しています。

- [ ] We grew 10% a year.

  当社は年に 10% 成長しました。

- [ ] Our productivity has improved 30%.

  弊社の生産性は 30% 増加しました。

- [ ] The figure indicates a product life cycle.

  この図は、製品ライフサイクルを示しています。

- [ ] The result of the survey implies a decrease in buying motivation.

  調査結果は、購買意欲の低下を暗示しています。

  ※ imply　暗に意味する

☐ Sales have remained stable for three months.
　売上げは、3ヵ月間安定しています。

※ 図表を説明する際によく使う単語や表現は、「7. 図表の説明によく使う単語・表現」にまとめてありますので、参考にしてください。

## 本論 8. 違いや類似点を述べる

Track 45

- [ ] There are a lot of differences between our services and theirs.
  弊社のサービスと彼らのサービスには、多くの違いがあります。

- [ ] There are some similarities between our services and theirs.
  弊社のサービスと彼らのサービスには、いくつか類似点があります。

- [ ] Our specifications are slightly different from others.
  我々の仕様は、他のものと少々異なっています。

- [ ] Their services are similar to ours.
  彼らのサービスは、我々のものと類似しています。

- [ ] This is a different issue.
  これは別の問題です。

Track 46

## 本論 9. 引用する

☐ According to their survey in 2008, a lot of companies are going to give up equipment investment.

2008年の彼らの調査によると、多くの企業が設備投資をやめようとしています。

☐ According to the latest survey, more than half answered "Yes."

最新の調査によると、半数以上が「はい」と回答していました。

☐ According to our estimate, our costs will increase next year.

我々の見積もりによると、来年はコストが上がるでしょう。

## 本論 10. 話題を移す

- [ ] Let me turn to the next page.

    次のページに移ります。

- [ ] Please look at the next slide.

    次のスライドをご覧ください。

- [ ] Let's move on to the next topic.

    次の話題に移りましょう。

- [ ] Now let's go on to the next figure.

    それでは、次の図に移りましょう。

- [ ] Next, I'd like to talk about our market share.

    次に、弊社のマーケットシェアについてお話しさせていただきます。

- [ ] Let me go back to the main issue.

    本題に戻ります。

- [ ] Please turn to page10.

    10ページに移ってください。

- [ ] That's all I have to say about the global trend. Now, let's turn to Japan.
  世界の動向については、以上です。では、次に日本に移りましょう。

- [ ] Let's get back to the main topic.
  主題に戻りましょう。

- [ ] The next few slides will tell you about the market trend.
  続く数枚のスライドで市場動向についてお話します。

- [ ] I'll skip this slide.
  このスライドは飛ばします。

- [ ] If there aren't any questions, may I go on to the next stage?
  ご質問がなければ、次に進んでもよろしいですか？

- [ ] Next slide, please.
  次のスライドをお願いします。（操作者が他にいる場合）

## 結論 1. まとめる

☐ I'd like to sum up now.
では、まとめたいと思います。

☐ I'll summarize my presentation.
プレゼンテーションを整理してみましょう。

☐ Let me summarize our proposal.
弊社のご提案を要約します。

☐ In closing, I'd like to repeat that we need to approach the IT industry.
終わりに、我々は IT 業界にアプローチする必要があることを繰り返したいと思います。

☐ To sum up, the automotive industry is our new target segment.
まとめると、自動車産業が、我々の新しいターゲット業界だということです。

☐ We've looked at the latest market trends.
最新の市場動向をみてきました。

☐ We've covered the product features.
製品の特徴をみてきました。

☐ It's obvious that we must invest for information security.
我々が情報セキュリティに投資しなければならないことは明らかです。

☐ In conclusion, we have to prevent global warming.
結果として、我々は地球温暖化を防止しなければなりません。

☐ In conclusion, I'd like to say that you need to prepare your business continuity plan.
結論として、事業継続計画を準備することが必要だということを申し上げたいと思います。

☐ I'm sure our services offer tremendous benefits to you.
我々のサービスが、皆様に大きな利益をもたらすものと確信しております。

☐ That concludes my presentation.
これにて私のプレゼンテーションを終えたいと思います。

☐ Are there any other things we have to discuss today?
本日他に話し合っておくことはありますか？

Track 49

## 結論 2. 謝辞を述べる

- [ ] Thank you for your attention.
  ご清聴、ありがとうございました。

- [ ] Thank you for paying attention.
  ご清聴、ありがとうございました。

- [ ] Thank you for listening.
  ご清聴、ありがとうございました。

- [ ] I really appreciate your time.
  お時間をいただきましてありがとうございました。

- [ ] We hope this presentation was informative for you.
  本プレゼンテーションが貴社のお役にたてれば幸いです。

## 結論 3. 質疑応答

☐ Your questions are welcome.
ご質問を歓迎いたします。

☐ Are there any questions?
何かご質問はありますか？

☐ Are there any further questions?
他にご質問はありませんか？

☐ Do you have any questions at this point?
ここまでで、何かご質問はありませんか？

☐ We have ten minutes for Q & A.
10分間、質疑応答の時間をおとりします。

☐ Let me talk to you individually.
個別にお話させてください。

### 質問に対する感想を述べる

☐ That's a very good question.
それはとてもいいご質問です。

- [ ] That's a very good point.
    それはとてもいいご指摘です。

- [ ] That's a difficult question to answer.
    それは難しい質問です。

- [ ] That's right.
    そのとおりです。

- [ ] I totally agree with you.
    まったく同感です。

- [ ] I basically agree with you.
    基本的には同感です。

### ● 聞き取れなかったときに・・・

- [ ] I'm sorry, but I couldn't catch what you said.
    申し訳ございませんが、聞き取れませんでした。

- [ ] Would you say that again, please?
    もう一度言っていただけますか？

- [ ] Would you repeat that, please?
    もう一度言っていただけますか？

### ● 回答について確認する

☐ Does that answer your question?
答えになっていますか？

☐ Did I answer your question?
答えになっていますか？

### ● 回答できない場合

☐ I'm sorry, but I have no idea about that.
申し訳ございませんが、その件については分かりかねます。

☐ I'm sorry, but I don't have that data.
申し訳ございませんが、そのデータは持ち合わせていません。

☐ I'm sorry, but this is confidential.
申し訳ございませんが、これは機密です。

☐ I'll get back to you later.
後日、ご連絡します。

### ● 質問の最後に・・・

- [ ] If there are no further questions, I'll finish my presentation.

    ご質問がないようでしたら、私のプレゼンテーションを終わりにいたします。

- [ ] If you have any questions, please feel free to contact us via email.

    ご質問がございましたら、ご遠慮なくEメールにてお問い合わせください。

- [ ] If you need further information, please let us know.

    さらなる情報が必要でしたら、お知らせください。

- [ ] If you have any questions, please feel free to email the address listed on the last page of the handout.

    ご質問がございましたら、配布資料の最終ページにあるアドレスまでご遠慮なくメールをください。

Track 51

## その他 1. トラブルへの対応

☐ **My computer froze.**
パソコンがフリーズしてしまいました。

☐ **I'll restart my computer.**
パソコンを再起動させます。

☐ **There is something wrong with the microphone.**
マイクの調子が悪いです。

## その他 2. プレゼンテーションでよく使う表現

### ● 流れを説明する／次の話題に移るときに使う表現

| | |
|---|---|
| First, | 最初に、第一に |
| First of all, | まずはじめに、 |
| Second, | 第二に、 |
| Next, | 次に、 |
| Then, | そして、 |
| Finally, | 最後に、 |
| Now, | では、さて、 |
| Well, | さて、 |

### ● 何かを追加するときに使う表現

| | |
|---|---|
| Besides, | そのうえ、 |
| Moreover, | さらに、 |
| In addition, | 加えて、 |
| Also, | また、 |
| At the same time, | 同時に、 |
| For your reference, | ご参考までに、 |

## ● 反対のことを述べるときに使う表現

| | |
|---|---|
| However, | しかしながら、 |
| On the other hand, | 一方で、 |

## ● 事例を説明するときに使う表現

| | |
|---|---|
| For example, | たとえば、 |
| For instance, | たとえば、 |

## ● 言い換えるときに使う表現

| | |
|---|---|
| In other words, | 言い換えると、 |
| In short, | 要するに、 |

## ● つなぎの表現

| | |
|---|---|
| Well, | さて、 |
| Anyway, | ところで、 |
| By the way, | ところで、 |
| As you already know, | すでにご存じのように、 |

| | |
|---|---|
| As you can see, | ご覧のように、 |
| As shown here, | ここに示したように、 |
| In fact, | 実際、実は、 |
| Actually, | 実際、実は、 |
| As a result, | 結果として、結果的に、 |
| In this case, | この場合、 |
| As far as I know, | 私が知る限りでは、 |
| From my point of view, | 個人的には、個人的な見解では、 |
| So far, | ここまでは、 |
| Overall, | 総じて、 |
| Frankly speaking, | 率直に申し上げて、 |
| To be honest, | 正直に申し上げて、 |

## 時間を表す表現

| | |
|---|---|
| at this stage | 現段階では、 |
| at the moment | 現在、 |
| recently | 最近、 |
| lately | 最近、 |
| these days | 最近、 |
| at that time | 当時は、 |

| | |
|---|---|
| in the past | 当時は、 |
| in the future | 将来、 |
| as of today | 本日現在、 |
| as of Junuary 1,2010 | 2010年1月1日現在、 |

# 6
# 会社の説明によく使う単語・表現

この章では、会社概要の説明の際によく使う単語や表現をまとめました。

Track 53

● 会社を表す単語・表現

| | |
|---|---|
| major company | 大規模企業 |
| medium-sized company | 中規模企業 |
| small company / small-sized company | 小規模企業 |
| foreign affiliated company | 外資系企業 |
| parent company | 親会社 |
| subsidiary（company） | 子会社 |
| overseas affiliate / overseas subsidiary | 現地法人 |
| 〜 group | 〜系列の |

| | |
|---|---|
| affiliated company | 関連会社 |
| agency | 代理店 |

Track 54

## ● 会社の組織を表す単語・表現

| | |
|---|---|
| head office / headquarters | 本社 |
| branch office | 支社、支店 |
| sales branch / sales office | 営業所 |
| factory / plant | 工場 |
| laboratory | 研究所 |
| division（div.） | 事業部 |
| department（dept.） | 部 |
| office | 室 |
| section（sect.） | 課 |
| team / group | チーム、班 |
| in charge of ～ | ～担当、～係 |

部署名は、会社によって様々です。
以下に一例を挙げますが、組織の機能や業務内容に適した英文名称にするとよいでしょう。

| | |
|---|---|
| Sales | 営業 |
| International Sales | 国際営業 |

| | |
|---|---|
| Overseas Sales | 海外営業 |
| Domestic Sales | 国内営業 |
| Sales Administration | 営業管理 |
| Marketing | マーケティング |
| Sales Promotion | 販売促進 |
| Research and Development | 研究開発 |
| Business Development | 事業開発 |
| Design | 設計 |
| Manufacturing / Production | 製造 |
| Inspection | 検査 |
| Quality Control | 品質管理 |
| Quality Assurance | 品質保証 |
| Technical / Engineering | 技術 |
| Purchase | 購買 |
| Materials | 資材 |
| Logistics | 物流 |
| Legal | 法務 |
| Liaison | 渉外 |
| General Affairs | 総務 |
| Education & Training | 教育・研修 |
| Human Resources / Personnel | 人事 |

| | |
|---|---|
| Public Relations | 広報 |
| Finance | 財務 |
| Accounting | 経理 |
| IT | IT |
| CSR | CSR |
| Audit / Auditing / Internal Auditing | 監査 |
| Corporate Development / Corporate Planning | 経営企画 |

Track 55

## ● 役職を表す単語・表現

役職も組織同様、会社によって様々です。
以下に一例を挙げますが、自社の組織構造に合った英訳をしましょう。たとえば、部長の下に課長しかいない場合は、部長を Manager、課長を Assistant Manager としてもいいですし、部の下に課が存在する場合には、部長を Department Manager、課長を Section Manager としてもいいでしょう。

| | |
|---|---|
| CEO (Chief Executive Officer) | 最高経営責任者 |
| CFO (Chief Financial Officer) | 最高財務責任者 |
| COO (Chief Operating Officer) | 最高業務執行責任者 |
| Representative Director | 代表取締役 |
| Executive (Senior) Managing Director | 専務取締役 |

| | |
|---|---|
| Managing Director | 常務取締役 |
| Director | 取締役 |
| Outside (External) Director | 社外取締役 |
| Auditor | 監査役 |
| President | 社長 |
| Vice President | 副社長 |
| General Manager | 部長 |
| Deputy Manager | 次長 |
| Manager | 課長 |
| Section Chief | 係長 |
| Secretary | 秘書 |

※〜付秘書は、Secretary to 〜

Track 56

### ● 業界を表す単語・表現

| | |
|---|---|
| IT industry | IT 業界 |
| automotive industry | 自動車業界 |
| food industry | 食品業界 |
| retail industry | 小売業界 |
| construction industry | 建設業界 |
| healthcare industry | 保健医療業界 |

| | |
|---|---|
| publishing industry | 出版業界 |
| communications industry | 通信業界 |
| financial industry | 金融業界 |
| steel industry | 鉄鋼業界 |

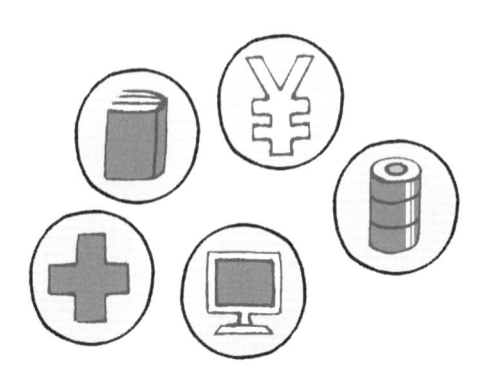

# 7

# 図表の説明によく使う単語・表現

Track 57

### グラフや図の種類

| | |
|---|---|
| 図 | figure |
| 表 | table |
| 棒グラフ | bar graph |

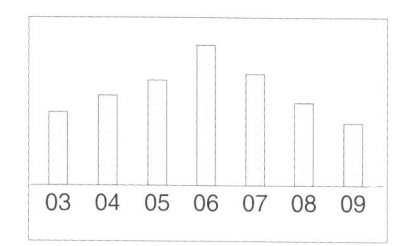

折れ線グラフ　　　　line graph

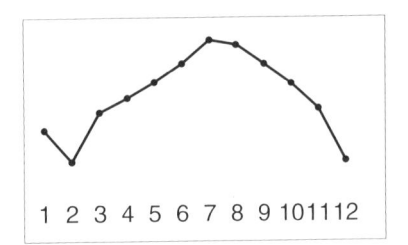

円グラフ　　　　pie chart

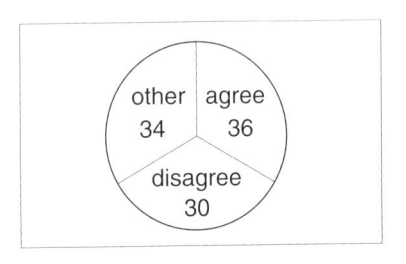

other 34
agree 36
disagree 30

組織図　　　　organization chart

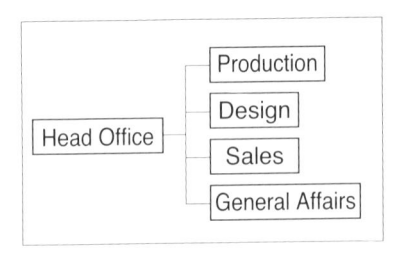

Head Office
- Production
- Design
- Sales
- General Affairs

フローチャート　　　　　flow chart

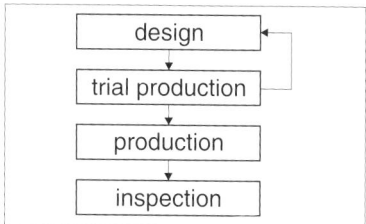

```
design
  ↓       ←
trial production ─┘
  ↓
production
  ↓
inspection
```

分布図　　　　　distribution chart

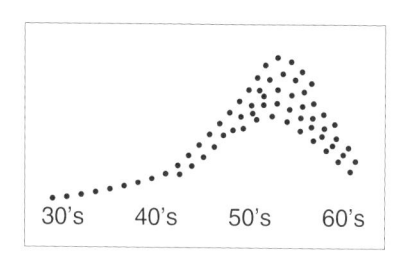

(30's　40's　50's　60's)

Track 58

## 線の種類

直線　　　　　straight line

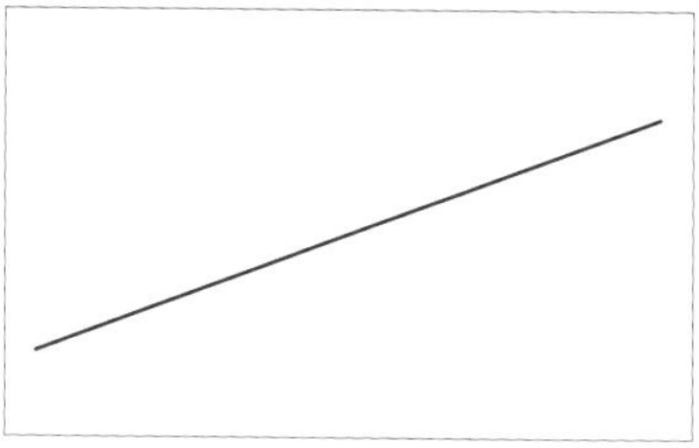

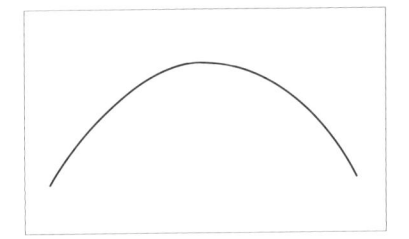

曲線　　　　　　　　curve

実線　　　　　　　　solid line

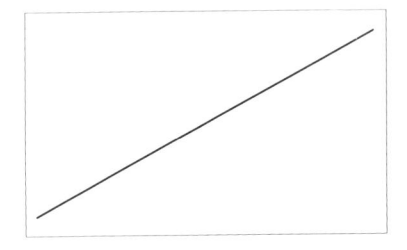

破線　　　　　　　　broken line

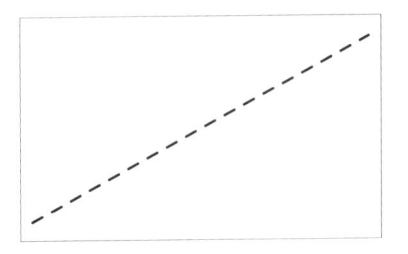

点線　　　　　　　　　dotted line

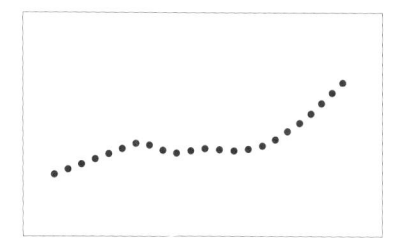

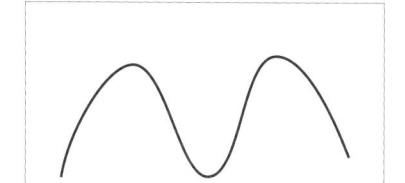

波線　　　　　　　　　undulating line

Track 59

### ● グラフのパーツを表す単語

| | |
|---|---|
| 棒（棒グラフの棒） | bar |
| 部分（円グラフの各部分） | segment |
| X軸 | x-axis |
| Y軸 | y-axis |
| 横軸 | horizontal axis |
| 縦軸 | vertical axis |

| | |
|---|---|
| 原点 | origin |
| 頂点 | peak |
| 底 | bottom |
| 網掛け | shading |
| 網掛け部分 | shaded area |
| 矢印 | arrow |

Track 60

## ● 表のパーツを表す単語・表現

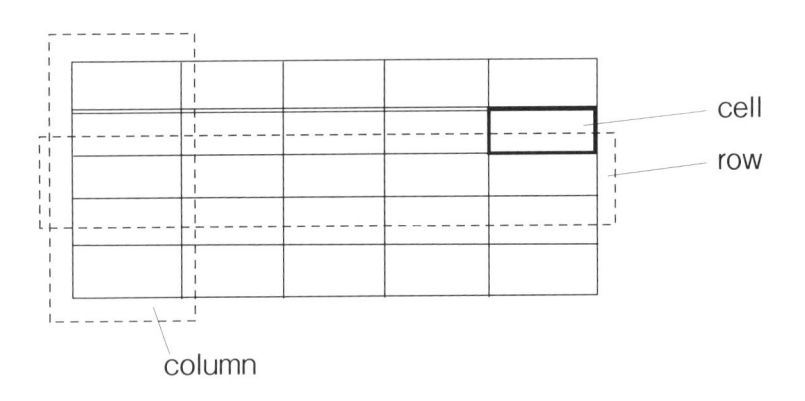

| | |
|---|---|
| 表題 | title |
| セル | cell |
| 行 | row |
| 列 | column |
| 項目 | item |

| | |
|---|---|
| 1行目, 2行目, 3行目 | the first row, the second row, the third row |
| 1列目, 2列目, 3列目 | the first column, the second column, the third column |
| 最終行 | the last row |
| 最終列 | the last column |
| 左から2列目 | the second column from the left |
| 右から3列目 | the third column from the right |
| 凡例 | legend |

Track 61

## 図形を表す単語

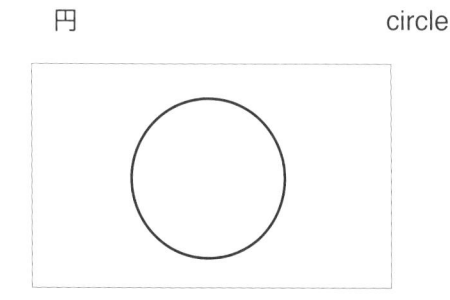

| | |
|---|---|
| 円 | circle |

だ円　　　　　　　　　　oval

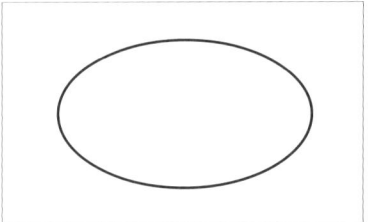

正方形　　　　　　　　　square

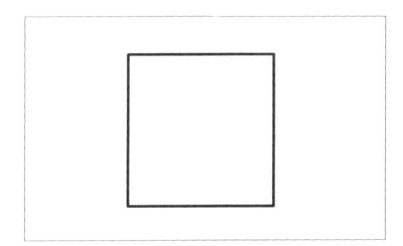

長方形　　　　　　　　　rectangule

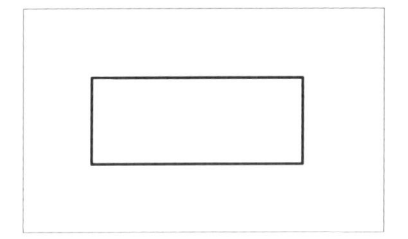

三角形　　　　　　　　　　triangle

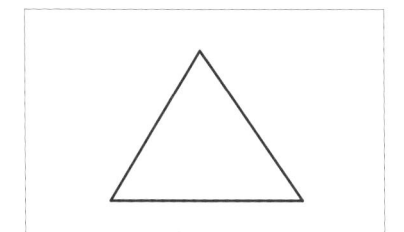

ひし形　　　　　　　　　　diamond

Track 62

## ● 文字の種類を表す表現

太字の　　　　　　　　　　in bold

イタリックの　　　　　　　in Italics

赤色の　　　　　　　　　　in red

※ red を変更すると、様々な色を表すことができます。

赤字　　　　　　　　　　　red colored figure

※ red を変更すると、様々な色を表すことができます。

Track 63

## ● その他図表でよく使う単語

|  |  |
|---|---|
| 数字 | figure |
| 数値 | value |
| 平均 | average |
| 最高の | maximum |
| 最低の | minimum |
| 累計の | cumulative |
| 割合 | rate |
| パーセント | percentage, percent |
| 分布 | distribution |
| シェア | share |
| 〜を表す | indicate, show, represent, describe |
| 相関関係 | correlation |
| 比例する | proportional |
| 反比例する | inversely proportional |

※ There is a proportional relationship between A and B.（AとBは比例関係にある）のように表現します。

## ● 増減についてよく使う単語・表現

| | |
|---|---|
| 増加する | increase / rise |
| 増加 | increase |
| 減少する | decrease / fall |
| 減少 | decrease |
| 〜％増加する | increase by 〜％ |
| 〜％減少する | decrease by 〜％ |
| 急激に | rapidly, sharply |
| 緩やかに | slowly, gradually |
| 着実に | steadily |
| わずかに | slightly |
| 大幅な増加 | large increase |
| 横ばいの | stagnant |
| 大幅に増える | soar |
| 大幅に減る | drop |
| 2倍になる | double |
| 3倍になる | triple |

Track 65

## ● 位置を示す表現

| | |
|---|---|
| 一番上の | on the top |
| 真ん中の | in the middle |
| 一番下の | at the bottom |
| 右側の | on the right |
| 左側の | on the left |
| 上から二行目の | the second line from the top |
| 下から二行目の | the second line from the bottom |

# 8

# プレゼンテーションで想定される Q&A

プレゼンテーションの際に聞かれそうな質問に対する答えを用意しておくと、スムーズに対応できます。
自分なりに質問とその答えを想定して、準備しておきましょう。

Track 66

### ● 会社や製品・サービスについての質問

Q: When were you established?
　いつ設立されたのですか？

A: We were established in 1980.
　1980 年に設立されました。
　※ established の代わりに、founded も同様に使えます。

Q: How many employees do you have?
　従業員数は何人ですか？

A: We have about 300 employees including contract workers.
　契約社員を含めて約 300 名です。

※派遣社員：temporary workers

Q : What is your main product?
主要な製品は何ですか？
A : We manufacture chemical additives.
化学添加剤を製造しています。

Q : How much was your annual turnover last year?
昨年の年商はいくらですか？
A : It was approximately 500 million yen.
約５億円です。

Q : How many factories do you have in Japan?
日本にいくつ工場がありますか？
A : We have ten in Japan.
日本には１０あります。

Q : Do you have factories overseas?
海外に工場はありますか？
A : Yes, we have one in China and one in Taiwan.
ええ、中国に１つ、台湾に１つ工場があります。

Q : What's your share of this product?
この製品のシェアはどのくらいですか？
A : We have a 40% share.
40%のシェアを持っています。

Q : What are your product features?
　　貴社の製品の特徴は何ですか？

A : The most remarkable feature is its "energy savings" capability.
　　もっとも顕著な特徴は、「省エネ」能力です。


Q : How is your quality control?
　　品質管理はどのようにされていますか？

A : Our quality control system is based on HACCP principles.
　　我々の品質管理は、HACCP 原則に基づいています。
　　※ HACCP = Hazard Analysis (and) critical control point
　　（危害要因分析に基づく）必須管理点


Q : What is your daily output?
　　1日の生産量はどのくらいですか？

A : We produce 6,000t per day.
　　1日に 6,000 トン生産しています。
　　※生産量は、production とも言います。


Q : What's the suggested retail price?
　　希望小売価格はいくらですか？

A : I'm sorry, but this is confidential.
　　申し訳ございませんが、機密情報です。

Q : How about the price compared with competitors?
　　競合他社と比較して、価格はいかがですか？

A : It's about 20% less than our competitors.
　　競合他社より約 20％ 安くなっています。


Q : How about colors?
　　色はいかがですか？

A : We can provide a wide variety of colors.
　　豊富なカラーバリエーションをご提供できます。


Q : What are the payment terms?
　　支払い条件はどうなっていますか？

A : We can discuss them upon your request.
　　ご要望に応じて、ご相談に応じます。


Q : What do you think about confidential matters?
　　機密事項については、どのようにお考えですか？

A : We will conclude a nondisclosure contract.
　　守秘義務契約を結びます。

　　※機密保持契約（守秘義務契約）は、Nondisclosure agreement や nondisclosure contract といいます。NDA=Non-Disclosure Agreement と略されることもよくありますので、覚えておきましょう。

## 資料についての質問

Q : Does this figure include Product A?
　この数字は、A商品を含んでいますか？

A : No, that is excluded.
　いいえ、除かれています。

Q : What is that figure?
　その数字は何ですか？

A : This is the accumulated total.
　これは累計です。

　※ accumulated　累積された

Q : What does that figure represent?
　あの数字は何を表していますか？

A : It represents the profit of the last quarter.
　前期の利益を表しています。

Q : What does "IE" stand for?
　「IE」は何の略ですか？

A : It stands for "Internet Explorer."
　「Internet Explorer」を表しています。

Q : Could you explain what "Business Continuity" is?
「事業継続」とは何か、ご説明いただけますか？

A : Sure. That's not a problem.
ええ、いいですよ。


Q : Could you elaborate on that?
それについて、具体的に説明していただけませんか？

A : I'll explain the details in the next slide.
次のスライドで詳しくご説明します。

*Track 68*

## ● 売上や戦略についての質問（社内向けのプレゼン）

Q : What's the breakdown for customer inquiries?
顧客からの問い合わせの内訳はどうなっていますか？

A : Inquiries through our website increased by 30 percent, while inquiries through the listing advertisement dropped by 20 percent.
当社ウェブサイト経由の問い合わせは30％増加し、リスティング広告経由の問い合わせは20％減少しました。


Q : What is the reason for the decline in sales?
売上げが減少している原因は何ですか？

A : It is because of the economic downturn.
景気の悪化によるものです。

Q : Why did the sales in August drop?
なぜ、8月の売上げが落ちているのですか？

A : This is a seasonal sales decline.
これは、季節的な売上げの減少です。

Q : This figure is too conservative.
この数字は保守的過ぎると思います。

A : This is based on accurate calculation.
これは、確度の高い計算に基づいています。

Q : Is there any solution?
解決策はあるのですか？

A : We are trying to find a solution at the moment.
現在、解決策を模索しています。

Q : Who is your target segment?
ターゲットにしているセグメント（業界）は？

A : Our target segment is the food industry.
ターゲットセグメント（業界）は、食品業界です。

Q : Who is the market leader?
マーケットリーダーは誰ですか？

A : ABC Inc. is.
ABC 社です。

Q : What is their market share?
彼らのマーケットシェアはどのくらいですか？

A : They have a 25% share.
25%です。

Q : What is their sales strategy?
彼らの営業戦略は何ですか？

A : Their sales strategy is Internet marketing.
彼らの営業戦略は、インターネットマーケティングです。

**Track 69**

### ● その他

Q : Can you show me the first slide again?
最初のスライドをもう一度見せてもらえますか？

A : Sure, hold on a second.
ええ、少々お待ちください。

Q : Could you give us an example?
例をあげていただけますか？

A : Sure, ABC's case is a good example.
はい。ABCのケースがよい事例です。

Q : I don't think there are many advantages for us to join the event.
そのイベントに参加するメリットがあまりないように思います。

A : In my opinion, it's important to show our presence.
私の意見では、存在を示しておくことが重要です。

Q : Our biggest concern is "price."
我々の最大の関心事は「価格」です。

A : I will show you the price structure next.
次に、価格形態についてご覧いただきます。

Q : Your proposal is very attractive.
貴社の提案はとても魅力的です。

A : Thank you. We are confident of your satisfaction.
ありがとうございます。ご満足いただけると自負しています。

Q : I don't think your proposal is attractive.
貴社の提案は魅力的に思いません。

A : What points of it do you think are not attractive?
魅力がないのはどのあたりでしょうか？

# 9

# 数の読み方

Track 70

## ● 数の種類

| | |
|---|---|
| 基数 | a cardinal number |
| 偶数 | an even number |
| 奇数 | an uneven number / an odd number |
| 序数 | an ordinal number |
| 分数 | a fraction |
| 小数 | a decimal |

Track 71

## ● 単位

| | |
|---|---|
| 〜度（°） | degree |
| 摂氏（℃） | centigrade |

| | |
|---|---|
| 華氏（°F） | Fahrenheit |
| グラム（g） | gram |
| キログラム（kg） | kilogram |
| トン（t） | ton |
| ポンド（lb） | pound |
| センチメートル（cm） | centimeter |
| メートル（m） | meter |
| マイル（mile） | mile |
| パーセント（％） | percent |
| 毎分回転数（rpm） | revolution per minute |
| 時速（km/h） | kilometer per hour |
| ダース | dozen |
| 半ダース | half dozen |

Track 72

### 数量を表す表現

| | |
|---|---|
| 多くの（数） | many |
| | a lot of |
| 多くの（量） | much |
| | a lot of |
| ほんの少しの（数） | a few |

| | |
|---|---|
| ほんの少しの（量） | a little |
| いっぱいの | full |
| 空の | empty |
| およそ、約 | about / around / approximately |
| 最大の | maximum |
| 最小の | minimum |
| 数十の | tens of |
| 数百の | hundreds of |
| 数千の | thousands of |
| 数百万の | millions of |

Track 73

## ● 分数

分数は、分子→分母の順で読みます。その際、分子は基数で表し、分母は序数で表します。
分子が2以上になる場合は、分母は複数形にします。

| | |
|---|---|
| 3分の1 | one third |
| 3分の2 | two thirds |
| 5分の1 | one fifth |
| 5分の2 | two fifths |

「半分」や「4分の1」は以下のように言います。

| | |
|---|---|
| 半分 | a (one) half |
| 4分の1 | a (one) quarter |
| 4分の3 | three quarters |

Track 74

### ● 小数

小数は、小数点を point と読みます。

| | |
|---|---|
| 1.15 | one point one five |
| 0.75 | zero point seven five |

※ゼロは、zero または oh と読みます。

Track 75

### ● 倍数

| | |
|---|---|
| 2倍 | double |
| 3倍 | triple / three times |
| 4倍 | quadruple / four times |
| 5倍 | five times |

Track 76

## ● 大きな数の読み方

大きな数は、英語上級者にとっても難しいものです。ただし、ルールを覚えてしまえば、思っているより簡単です。

下の図に示したとおり、三桁ずつ区切って読みます

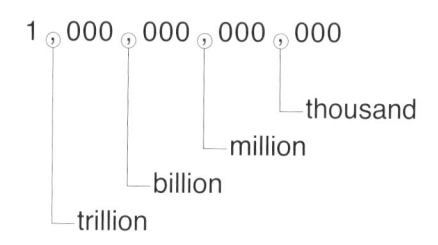

```
1,000,000,000,000
 │   │   │   └─ thousand
 │   │   └─ million
 │   └─ billion
 └─ trillion
```

| | |
|---|---|
| 100 | one hundred |
| 200 | two hundred |
| 1,000（千） | one thousand |
| 10,000（一万） | ten thousand |
| 100,000（十万） | one hundred thousand |
| 10,000,000（千万） | ten million |
| 100,000,000（一億） | one hundred million |
| 1,000,000,000（十億） | one billion |
| 1,000,000,000,000（一兆） | one trillion |

## 年号

年号は、基本的には二桁ずつ区切って読みます。

| | |
|---|---|
| 2009年 | two thousand (and) nine |
| 2000年 | two thousand |
| 1987年 | nineteen eighty-seven |

# 10

# プレゼンテーションの資料によく使うビジネス単語

Track 78

● 業績等の説明によく使う単語

| | |
|---|---|
| forecast | 予測 |
| projection | 予測 |
| target | 目標 |
| sales target | 売上げ目標 |
| actual achievement | 実績 |
| actual performance | 実績 |
| sales performance | 売上げ実績 ／ 販売実績 |
| actual | 実際の |
| achievement | 達成 |
| revenue | 収益 |
| annual sales | 年間売上げ高 |

| | |
|---|---|
| quarterly sales | 四半期売上げ高 |
| review | レビュー、復習 |
| result | 結果、実績 |
| growth | 伸び |
| stock | 在庫 |
| rough estimate | 概算 |
| budget | 予算 |
| bottom-line profit | 純利益 |
| cost | コスト |
| cost breakdown | コスト内訳、コスト詳細 |
| expense | 費用 |
| status | 状況 |
| current status | 現況 |
| breakdown | 内訳 |
| objective | 目標 |
| double-digit growth | 二桁成長 |
| allocation | 割り当て、配分 |

## ● 市場動向等の説明によく使う単語

| | |
|---|---|
| market | 市場 |
| overseas market | 海外市場 |
| trend | 動向 |
| market trend | 市場動向 |
| competitor | 競合他社 |
| current | 現在の |
| latest | 最新の |
| industry trend | 業界動向 |
| industry forecast | 業界予測 |
| growth | 成長 |
| demand | 需要 |
| recent market trend | 最近の市場動向 |
| outlook | 見通し |
| outlook for 〜 | 〜の見通し |
| market price | 市価 |
| market reaction | 市場の反応 |
| tendency | 傾向 |
| research | 調査 |
| statistics | 統計 |

| | |
|---|---|
| regulation | 規制 |
| globalization | グローバル化 |
| yen depreciation | 円安 |
| yen appreciation | 円高 |

**II プレゼンテーションにすぐに使える表現**

## ● 分析や課題等の説明によく使う単語

| | |
|---|---|
| SWOT Analysis | SWOT 分析 |
| strength | 強み |
| weakness | 弱み |
| opportunity | 機会 |
| threat | 脅威 |
| challenge | 課題 |
| issue | 問題 |
| long-term | 長期的 |
| short-term | 短期的 |
| policy | 方針 |
| objective | 目的 |
| questionnaire | アンケート |
| proportion | 割合、比率 |
| market analysis | 市場分析 |
| pros and cons | よい点と悪い点、プラス面とマイナス面 |
| mature | 成熟する |
| the top three reasons | 上位3つの理由 |
| basis / foundation | 根拠 |
| assumption | 前提 |

| | |
|---|---|
| gap | 差 |

Track 81

## ● 戦略や計画等の説明によく使う単語

| | |
|---|---|
| strategy | 戦略 |
| action plan | 行動計画 |
| mission | ミッション、使命 |
| marketing plan | マーケティングプラン |
| sales plan | セールスプラン |
| marketing activity | マーケティング活動 |
| sales activity | セールス活動 |
| sales channel | 販売チャネル、販売網 |
| priority | 優先 |
| customer retention | 顧客維持、顧客の囲い込み |
| resource | 資源 |
| investment | 投資 |
| reduction | 削減 |
| integration | 統合 |
| merger | 合併 |
| acquisition | 買収、獲得 |

II プレゼンテーションにすぐに使える表現

| | |
|---|---|
| alliance | 提携 |
| dissolution | 解消 |
| competitive edge | 競争力 |
| customer focused | 顧客中心の |
| customer oriented | 顧客志向の |
| promotional sales activity | 販売促進活動 |
| sales promotion tool | 販売促進ツール |
| cold call | 売り込みの電話 |
| ongoing | 実施中 |

※現在すでに行っていて、進行中という意味です。

Track 82

## ● 期間を表す単語

| | |
|---|---|
| first quarter (Q1) | 第1四半期 |
| second quarter (Q2) | 第2四半期 |
| third quarter (Q3) | 第3四半期 |
| fourth quarter (Q4) | 第4四半期 |
| first half | 上期 |
| second half | 下期 |
| prior year / last year | 前年 |
| next year | 来年 |
| prior quarter / last quarter | 前期 |
| next quarter | 来期 |
| for the first three months | 最初の3ヵ月間 |

Track 83

## ● プレゼンテーションでよく使う単語

| | |
|---|---|
| material | 資料 |
| handout | 配布物 |
| pointer | ポインター |
| projector | プロジェクター |

## ● 財務の単語

| | |
|---|---|
| share price / stock price | 株価 |
| sales administrative expense | 販売管理費 |
| revenue | 収益 |
| profit | 利益 |
| net profit | 純利益 |
| balance sheet | 貸借対照表 |
| profit and loss statement | 損益計算書 |
| financial statement | 財務諸表 |

## その他一般的によく使う単語

Track 85

| | |
|---|---|
| agenda | 議題 |
| overview | 概要 |
| outline | 概要 |
| background | 背景 |
| overall | 全体的な |
| distinctive features | 顕著な特徴 |
| aspect | 側面 |
| financial aspect | 財務的側面 |
| prospect | 潜在顧客、見込み客 |
| potential | 潜在的な、可能性のある |
| view | 見解 |
| impact | 影響 |
| function / feature | 機能 |
| concern | 関心事 |
| related | 関連の |
| assumption | 前提、想定 |
| report | 報告 |
| assessment | 評価 |
| decision making | 意思決定 |

| | |
|---|---|
| implementation | 実施、導入 |
| production capacity | 生産能力 |
| productivity | 生産性 |
| manufacturing cost | 生産コスト |
| resource allocation | 資源配分 |
| business opportunities | ビジネスの機会 |
| stakeholder | 利害関係者 |
| shareholder | 株主 |

# 11

# プレゼンテーション後のフォローアップメール

プレゼンテーションを行った後には、顧客に御礼やフォローアップのメールを送りましょう。

フォローアップのメールには、プレゼンテーションの機会を与えてもらったことに対する御礼を含め、プレゼンテーションの最中に質問を受けて答えられなかったことに対する回答や追加で資料を出す場合もあるでしょう。

メールですので、内容は簡潔にまとめることが大切です。

また、会話では「I'd like to」と短縮形で使っていた表現も、「I would like to」とすべてをスペルアウトした方が丁寧な印象を与えることができます。

## サンプルメール 1

Thank you very much for giving us the chance to make a presentation yesterday.
If you have any questions, please do not hesitate to contact us.
We look forward to doing business with you.

◧ 昨日はプレゼンテーションの機会をいただき、まことにありがとうございました。
　ご質問がございましたら、ご遠慮なくお問い合わせください。
　貴社とお取引できることを楽しみにしています。

## サンプルメール 2

Thank you very much for your time out of your busy schedule today.
Attached please find the information you requested.
If you need any further information, please feel free to contact us.
We look forward to doing business with you.

◧ 本日はご多忙の中、お時間をいただき、まことにありがとうございました。

ご依頼がございました資料を添付いたします。
さらに情報が必要な場合は、ご遠慮なくお問い合わせください。
貴社とお取引できることを楽しみにしています。

### ワンモアポイント

「Attached please find the information you requested.」
という表現は、学校で習う英語では見慣れないかもしれませんが、「添付します」という表現の中では、非常に多く見られるビジネス英語特有の表現です。
「Attached please find 〜」で覚えておきましょう。

## フォローアップメールに使える表現

☐ Thank you for your time out of your busy schedule the other day.

先日は、お忙しい中お時間をいただきまして、ありがとうございました。

☐ Attached is our latest price list.

最新の価格表を添付いたします。

☐ I am attaching the information upon your request.

ご要望いただいた資料を添付いたします。

☐ Please refer to the attached file.

添付ファイルをご参照ください。

☐ I am pleased to send you a PDF file of the presentation the other day.

先日のプレゼンテーションの PDF ファイルをお送りします。

☐ The file was compressed with Zip.

ファイルは Zip 形式で圧縮されています。

☐ I am afraid that we do not have the information that you requested.

申し訳ございませんが、ご依頼いただいた資料を持ち合わせておりません。

- [ ] As I mentioned in the presentation, we are confident that our training program can satisfy your needs.
  プレゼンテーションでも申し上げたとおり、弊社の教育プログラムは貴社のニーズを満たせると自負しております。

- [ ] Please feel free to contact us anytime.
  いつでもご連絡ください。

- [ ] If you have any questions, please do not hesitate to contact us.
  ご質問がございましたら、ご遠慮なくお問い合わせください。

- [ ] If you need any additional information, please let us know.
  さらに情報が必要な場合は、ご連絡ください。

- [ ] If there is something we can do for you, please do not hesitate to tell us.
  何かお手伝いすることがございましたら、ご遠慮なくお申し付けください。

- [ ] We would appreciate it if you would consider our services.
  弊社のサービスをご検討いただければ幸いです。

- [ ] We would appreciate your feedback.
  ご感想をいただければ幸いです。

- [ ] We are looking forward to hearing from you.
  ご連絡をお待ちしております。

著者略歴

# 味園 真紀
### みその まき

明治学院大学文学部英文学科卒業。
同校在学中、カリフォルニア大学に留学。
コンサルティング・ドキュメント制作会社を経て、現在外資系企業にてマーケティングおよび事業開発に従事。
様々な分野・業種に対する、営業、制作、商品開発、マーケティング活動などを経験している。一方で、初級者〜中級者を対象とした英会話教材の制作を手がけている。
著書に、『質問にパッと答える英会話一問一答トレーニング』『場面別 会社で使う英会話』『ビジネスですぐに使えるEメール英語表現集』『会社の英語すぐに使える表現集』『頻出ビジネス英単語1600』『英語論文すぐに使える表現集』他（ベレ出版）。『たったの72パターンでこんなに話せる英会話』『72パターンに＋αで何でも話せる英会話』『たったの68パターンでこんなに話せるビジネス英会話』他（明日香出版社）。

CDの内容
- 時間…69分27秒
- ナレーション…Carolyn Miller
- 収録内容：4. 以降の全ての英語表現と単語

---

## CD BOOK 英語プレゼンハンドブック

| | | |
|---|---|---|
| 2010年 2月25日 | 初版発行 | |
| 2018年 8月15日 | 第8刷発行 | |
| 著者 | 味園　真紀 | |
| カバーデザイン | 竹内　雄二 | |
| 本文イラスト | 村山　宇希 | |

©Maki Misono 2010. Printed in Japan

| | |
|---|---|
| 発行者 | 内田　眞吾 |
| 発行・発売 | ベレ出版 |
| | 〒162-0832　東京都新宿区岩戸町12 レベッカビル<br>TEL (03) 5225-4790<br>FAX (03) 5225-4795<br>ホームページ http://www.beret.co.jp/<br>振替 00180-7-104058 |
| 印刷 | 株式会社　文昇堂 |
| 製本 | 根本製本株式会社 |

落丁本・乱丁本は小社編集部あてにお送りください。送料小社負担にてお取り替えします。

ISBN 978-4-86064-253-2 C2082　　　　　編集担当　脇山和美

## 仕事で使う英語

野村真美 著

四六並製／本体価格 1600 円（税別） ■ 176 頁
ISBN978-4-939076-08-4 C2082

お店やオフィスなど、仕事で外国の人と接する機会がある人のための、職場に 1 冊置いておきたい接客のための虎の巻です。難しい単語は使わずかつ自然な英語で、挨拶、お客様の応対、トラブル時、電話の応対・取次ぎなど、ちょっとした接客の時に使える、えりぬきの表現を紹介します。業種を問わず、さまざまな場面で活用できる便利な表現集です。

## 場面別　会社で使う英会話

ディー・オー・エム・フロンティア／味園真紀／ペラルタ葉子 著

A5 並製／本体価格 2100 円（税別） ■ 312 頁
ISBN978-4-86064-010-1 C2082

会社で英語を使う機会が増えました。本書はあらゆるビジネスシーンを想定してつくられた会社に必要な英会話の本です。訪問・紹介からプレゼンテーションや交渉まで、シーン別にダイアローグと応用表現・関連単語をとりあげました。ダイアローグ・応用表現はすべて CD に収録しています。本書に使われている表現は簡潔で覚えやすいものばかりです。まさに実践を意識した、使える英会話表現を厳選しています。

## 場面別　ビジネス英会話
### 決まり表現 & シーン別英語実況中継

柴山かつの 著

A5 並製／本体価格 2200 円（税別） ■ 336 頁
ISBN978-4-86064-371-3 C2082

英語で仕事をするビジネスパーソンにとって必須の決まり表現と実際のリアルな会話のやり取り、英語講座実況中継の構成になっています。決まり表現を確実に身につけることで、スラスラ自信をもって心をこめて話すことができます。そして決まり表現をシーンに合わせて自由自在に応用することができます。英語講座実況中継では、日本人の間違いやすい表現、表現の丁寧度合、単語の覚え方を先生と生徒の会話で解説します。CDにすべての決まり表現とリアルなダイアローグを収録。

## 50トピックでトレーニング
## 英語で意見を言ってみる

森秀夫 著
A5並製／本体価格1900円（税別） ■ 256頁
ISBN978-4-86064-435-2 C2082

英語圏の言語文化では自分の意見・考えを述べたり、反論をしたりするのがあたりまえです。しかし日本人は非常に苦手です。これからは英語で論理的に考え、相手を納得させられる「発信の英語力」が求められています。本書では「喫煙者の権利の是非」「男性メークの是非」「新聞？インターネット？」など50のトピックをとりあげダイアローグ形式で意見を交わします。そして意見・考えを述べるときによく使う、反論、賛成、強調、確認、提案などの表現を学びます。

## 英語で意見を論理的に
## 述べる技術とトレーニング

植田一三 著
A5並製／本体価格1900円（税別） ■ 312頁
ISBN978-4-86064-048-4 C2082

英語圏の人たちは、自分が話している相手に対して自分の意見がより強いことを示そうとします。わかりやすくて説得力のある英語のスピーキング力は英語圏の人たちとコミュニケーションするために必須のものです。本書はさまざまな社会情勢や事情に関する知識と、それらを英語で論理的に述べる表現力を養うトレーニングブックです。

## 日本人についての質問に論理的に答える
## 発信型英語トレーニング

植田一三／上田敏子／柏本左智／中坂あき子 著
A5並製／本体価格1900円（税別） ■ 352頁
ISBN978-4-86064-525-0 C2082

外国人がよくする、日本および日本人に関する様々な分野の質問に基づき、それに対して論理的で説得力のある答え方ができるようになるための英語発信型トレーニングが基調となっています。論理的スピーキング力（説明力）をシステマティックにアップさせるために、質問ごとに「アーギュメントの極意」を短いフレーズで記しています。また異文化理解を深めるためのコラムを多数掲載しています。英語の説明力は、スピーキング・ライティング力攻略のために必須の技術。英検・IELTS対策にも有効な一冊です。

## 的確に伝わる
## 英文ビジネスEメール例文集

大島さくら子 著

A5 並製／本体価格 1800 円（税別） ■ 344 頁
ISBN978-4-86064-315-7 C2082

ビジネスEメールでは長々とした挨拶や社交辞令は必要ありません。画面の向こうで受け取る人にきちんと伝わる内容であることが重要です。たとえば苦情を伝える、要請する、間違いを指摘する、催促するなど、こちらの気持ちやニュアンスを正確に伝える必要があります。それを的確に表現した英文で書くことで、初めて相手にきちんと届きます。本書ではビジネスシーンごとに使い方のポイントと様々な表現を数多く紹介しています。組み合わせてどんどん応用できるようになっています。

---

## 説得力のある英文ビジネス
## Eメールが書ける

柴山かつの 著

A5 並製／本体価格 1800 円（税別） ■ 384 頁
ISBN978-4-86064-448-2 C2082

Eメールはビジネスのコミュニケーションツールとして欠かせないものです。グローバル化が進んだ現在、用件をスピーディに伝える英文メールの出番はますます増えてきています。本書はビジネスシーン別の実例サンプルとすぐに使える表現、そして自分で英文が書けるようになるためのライティング講座で構成されています。アポイントメントの申し込み、資料請求、値引き交渉、発注、そして企画の提案などのシーン別に実例表現を紹介し、より説得力を増すためのアドバイスも満載です。表現集のコピペから、もう一歩上を目指したい人にお勧めです。

---

## 英文履歴書の書き方と
## 実例集

田上達夫 著

A5 並製／本体価格 1900 円（税別） ■ 308 頁
ISBN978-4-939076-94-7 C2082

レジュメ（職務経歴書）とカバーレター（自己PRするための文書）の実例を豊富に収録してあります。良い履歴書とは？ 採用される履歴書とは？ を英文履歴書のプロが徹底的に追求して書いた本です。様々な職種に対応した本当にたくさんの実例は類書にはない充実度です。必ず採用になるポイントをきっちりおさえた履歴書の書き方を教授します。